Norbert Abts

Schonzeit
Landläufige Geschichten

3. Auflage 2023
blue rhino verlag, Bergheim
Printed in Germany
Copyright © 2012 by Norbert Abts
Umschlaggestaltung: Norbert Abts
Alle Rechte vorbehalten
ISBN 978-3-00-036882-0

Man weiß von Sternen, die ohne ergründbare Ursache ihr Licht verlieren, um entweder für kurze Frist oder für immer in die Finsternis des unendlichen Raums zu entschwinden; so gibt es auch Menschen, deren Schicksal von einem gewissen Zeitpunkt ab in Dämmerung und Dunkelheit gleitet.

Jakob Wassermann
(Der Mann von vierzig Jahren)

Australien

Weit außerhalb des Dorfes, inmitten der Ebene, stehen drei alte Eichen. Niemand kann sagen, wie lange sie dort schon stehen. Nicht einmal Thomas' Großvater hatte es gewusst. Für Thomas sind sie einfach immer schon da gewesen; seit Anbeginn der Zeit.

Er ist die größte der Eichen hinaufgeklettert und sitzt auf dem höchsten Ast der Baumkrone. Tief unter ihm die Wiese mit dem verwitterten Wegekreuz. Drumherum Weizenfelder. Dann wieder Wiesen und Kuhweiden mit halbierten Bahnschwellen und Stacheldraht umzäunt. Noch mehr Weizenfelder, noch mehr Weiden. Durchtrennt von Feldwegen und einem kleinen Fluss, der nur *Fließ* heißt.

Thomas schaut zum Horizont. Nirgendwo ist ein Mensch zu sehen, nur ein Mähdrescher, stecknadelkopfgroß, eingehüllt in eine winzige Staubwolke. Weit da hinten liegt Glesch. Sein Dorf. Die Sonne steht tief, aber es ist immer noch so heiß wie am Mittag. Der geschieferte Kirchturm leuchtet wabernd orange, wie das flüssige Wachs in der Lavalampe zu Hause auf der Anrichte. Dahinter im Norden das Kraftwerk Neurath. Rein weiß quellende Wolken steigen aus den Schloten. Und dahinter nichts mehr, nur blassblauer Himmel.

Auf seiner Armbanduhr ist es kurz vor halb Sieben. Um Sieben muss er zum Abendbrot zu Hause sein. Er schaut in den Himmel und durch die Eichenblätter hindurch sieht er ein Passagierflugzeug in der Sonne funkeln. Wie ein grell leuchtender Stern. Die Triebwerke stoßen zwei immer breiter werdende Kondensstreifen aus, die schließlich zu einem werden. Das Flugzeug fliegt so hoch, dass er die Motoren nicht mehr hören kann.

Thomas stellt sich die Menschen da oben vor. Viele tausend Meter über ihm schauen sie aus ihren Fenstern. Aber ihn können sie nicht sehen. Wahrscheinlich würden sie nicht einmal sein Dorf erkennen. Er stellt sich vor, wie die Leute im Flugzeug in ihren Sesseln sitzen und einen Film auf einem Bildschirm sehen und doch gleichzeitig, ohne es zu bemerken, mit großer Geschwindigkeit durch die Luft fliegen. Irgendwohin. Sie kommen gar nicht auf die Idee, nach unten zu schauen.

Die dort oben haben mit der Welt hier unten gar nichts zu tun, denkt Thomas. Warum sollten sie auch nach unten schauen? Sie wollten ja ganz woanders hin. In ein anderes Land. Vielleicht sogar auf die andere Seite der Erde.

Australien, denkt Thomas. Australien ist am weitesten entfernt von seinem Dorf. Er versucht sich das Land vorzustellen. Da gibt es Kängurus und Koalabären. Und es muss eine riesige Insel sein. Mehr weiß er nicht. Er stellt sich den Piloten im Cockpit vor. Mit dunkler Sonnenbrille, einem leuchtend weißen Hemd und Kapitänsabzeichen auf den Schultern sitzt er ganz vorne in der Spitze einer schweren metallenen Röhre, die sich irgendwie am Himmel hält.

Thomas schaut wieder zum Horizont.

Und dann ist plötzlich alles still. Die Welt besteht nur noch aus Stille und Ferne und fast glaubt er, selbst nicht mehr zu existieren, als wäre er im Begriff sich aufzulösen, zu zerfließen. Ihm wird schwindlig. Er muss sich an einem Ast festhalten und schließt für einen Moment die Augen.

Siebzehn Jahre später ist aus Thomas ein mäßig erfolgreicher Versicherungskaufmann geworden. Mit achtundzwanzig heiratet er Manuela, eine Frau aus dem Dorf. Sie bringt eine zweijährige Tochter mit in die Ehe. Ein Jahr später wird ihr gemeinsamer Sohn geboren. Dann stirbt der Vater. Ein halbes Jahr danach auch die Mutter. Thomas zieht mit seiner Familie in das Haus seiner Eltern. Manuela wird noch einmal schwanger. Als sie im sechsten Monat ist, sagt sie, das Kind sei nicht von ihm. Sie lassen sich scheiden und sie heiratet kurz danach den Vater des Kindes. Jetzt lebt Thomas zum ersten Mal alleine in seinem Elternhaus. Es ist viel zu groß für ihn. Er hätte das Haus verkaufen können, aber das hätten seine Eltern nicht gewollt. Und irgendwie scheint es auch zu spät dafür. Es ist für alles zu spät. Die drei Eichen gibt es immer noch. Glesch hat sich ausgedehnt. Neubaugebiete sind entstanden. Leute aus der Stadt haben hier ihre kleinen Träume vom Haus auf dem Land verwirklicht. Thomas ist der einzige seiner alten Grundschulklasse, der im Dorf geblieben ist. Alle sind in die großen Städte und sogar ins Ausland gezogen. So als müsse das so sein. Thomas ist dreiunddreißig, als er in einer Herbstnacht in den Keller geht und sich an einem Heizungsrohr erhängt.

Aber von all dem ahnt Thomas jetzt noch nichts.

Aus der Ferne hört er die Glocke der Kirchturmuhr ganz leise einmal schlagen. Halb sieben. Thomas öffnet die Augen und das Schwindelgefühl ist verschwunden. Er schaut wieder in den Himmel. Das Flugzeug ist fast nicht mehr zu erkennen. Nur noch ein silberner matt glänzender Punkt. Die Kondensstreifen über ihm beginnen sich auszudehnen. Dann verwischen sie und lösen sich schließlich auf.

Thomas überkommt ein überwältigendes Bedürfnis, das alles seinen Eltern zu erzählen. Hastig klettert er die Eiche hinunter. Er läuft quer über die Weiden, kriecht unter dem Stacheldraht hindurch, vorbei an den Weizenfeldern, über die Feldwege am Fluss entlang. Fast spürt er die Erde unter sich nicht mehr. Er hechtet über das Gartentor, läuft den Gartenpfad hinauf und springt, vier Stufen auf einmal nehmend, hoch ins Haus.

Endlich sitzt Thomas mit seinen Eltern beim Abendbrottisch. Seine Mutter schneidet ihm aus Gewohnheit immer noch die Krusten vom Brot. Er will loslegen und ihnen alles erzählen.

Und dann sieht er, wie sein Vater in ein Wurstbrot beißt und wie der Rest der abgebissenen Scheibe Fleischwurst zitternd über dem Rand des Brotes hängt. Er schaut seinen Vater an und sein Vater schaut Brot kauend aus dem Küchenfenster in den Hof.

Die eben noch vorhandene Aufgeregtheit fällt in sich zusammen. Und plötzlich gibt es für Thomas nichts mehr zu erzählen. Er weiß mit einem Mal, dass nichts von dem, was er heute erlebt hat, seine Eltern je erfahren werden. Alles wird in ihm bleiben.

Später macht seine Mutter den Abwasch und sein Vater setzt sich mit einer Flasche Bier vor den Fernseher, um die Tagesschau zu sehen. Wie jeden Abend.

Thomas geht ins Badezimmer. Er wäscht sich sorgfältig und zieht einen frischen Schlafanzug an. Der Schlafanzug riecht nach zu viel Weichspüler. Er steht vor dem Spiegel und betrachtet sich länger als sonst, bis ein milchiger Schleier vor seine Augen tritt und sein Spiegelbild unscharf wird. Er sagt seinen Eltern Gute Nacht und geht in sein Zimmer unter dem Dach. Die Hitze steht im Raum und er öffnet die Fenster. Er schaut sich um, räumt das herumliegende Spielzeug in einen großen Wäschekorb und stellt ihn ins oberste Regal des Kleiderschranks.

Thomas lehnt sich auf das Fensterbrett, den Kopf in beide Hände gestützt, und beobachtet, wie die große, an den Rändern oszillierende Glutsonne hinter dem Wasserwerk viel zu schnell untergeht. Er kann jetzt nicht schlafen.

Wie so oft, holt er den Schuhkarton aus dem alten Rollschrank. Deckel und Schachtel sind mit einem ausgeleierten Einmachgummi zusammengehalten. Und wieder ist da dieser besondere Geruch, den nur alte Fotos haben, und den er so mag. Sein Bruder Paul war neun Monate alt, als er starb. Auf dem Schwarzweißfoto mit den gezackten Rändern liegt er mit gefalteten Händen, von Blumengirlanden bedeckt, wie schlafend, in einem offenen, weißen Kindersarg.

Seine Eltern wollten immer nur ein Kind. Das haben sie ihm schon öfter erzählt. Und deshalb glaubt Thomas, dass er nur geboren wurde, weil sein Bruder gestorben ist. Manchmal denkt er, dass sein Bruder *für ihn* gestorben ist und dass Gott etwas Besonderes mit ihm vorhat. Etwas, von dem er noch nichts weiß, das aber bestimmt kommen wird, irgendwann.

Er möchte um seinen toten Bruder weinen, aber er kann es nicht. Er konnte es noch nie.

Thomas legt sich ins Bett und starrt an die Decke. Er muss wieder an die Menschen da oben im Flugzeug denken. Für einen Moment scheint es ihm sogar wahrscheinlich, dass sie vielleicht gar nicht auf der Erde, sondern auf einem fremden Planeten landen werden. In einem anderen Sonnensystem, einer anderen Galaxie. Und als er sich diese schwarze Galaxie vorstellt, mit ihren tausenden Gestirnen und ihrer nicht zu begreifenden dunklen Unendlichkeit, schläft Thomas dann doch noch ein.

Mit einem Gefühl von unbestimmter Angst. Und großen Erwartungen.

Hinter Gardinen

Jakob erwacht aus einem traumlosen Schlaf. Pulsierendes blaues Licht wirft seinen Schein an die Zimmerdecke. Er schaut auf den Wecker. Es ist kurz nach Mitternacht. Ein Unfall auf der Kreuzung, denkt er. Obwohl es um diese Zeit kaum Verkehr gibt. Er steht auf, steckt seine Füße in die Filzpantoffel und schlurft zum Fenster. Polizei und Krankenwagen stehen auf dem Bürgersteig. Sonst sind keine Autos zu sehen, die in einen Unfall verwickelt sein könnten. Es regnet. Die Blaulichter spiegeln sich dutzendfach in der nassen Straße und in den Fenstern der Häuser. Vielleicht hatte jemand einen Herzinfarkt oder Schlaganfall. Es gibt einige Kandidaten in den Häusern gegenüber, die so wie er über siebzig sind und die dafür in Frage kämen. Zwei Polizisten sitzen in ihrem Fahrzeug und scheinen auf etwas zu warten. Einer gibt jetzt etwas über Funk durch. Die Seitenscheibe des Krankenwagens ist zweigeteilt. Durch den oberen durchsichtigen Teil kann Jakob schemenhaft den Oberkörper einer älteren Frau erkennen, die wild gestikulierend auf der Trage sitzt. Sie wird von zwei Sanitätern an den Armen festgehalten. Für einen Moment glaubt Jakob, es sei seine eigene Frau, die er da unten im Krankenwagen sitzen sieht. Sie hat eine Decke um die Schultern gelegt. Er sieht sie nur im Profil und die langen grauen Haare lassen nun kurz ihre Nasenspitze sichtbar werden, und er spürt, wie eine plötzliche Hitzewelle sich in seinem Körper ausbreitet. Er hatte nicht neben sich geschaut, als er aufgestanden war, und jetzt hat er Angst sich zu vergewissern, ob Barbara noch in ihrem Bett liegt. Stattdessen schließt er die Augen und konzentriert sich darauf, ihr Atmen zu hören. Oder eine leise Bewegung im Schlaf. Zehn Sekunden. Zwanzig Sekunden. Aber Jakob hört sie nicht atmen, hört sie nicht sich bewegen.

Er ist alleine im Schlafzimmer.

Jakob nimmt seinen Morgenmantel vom Fußende des Bettes und zieht ihn sich über. Er nimmt auch gleich Barbaras Morgenmantel, Socken und Pantoffeln. Sie wird frieren, denkt er. Sie hat immer kalte Füße, selbst im Sommer.

Die Schlafzimmertür steht offen. Und auch die Wohnungstür. Er geht die Treppe hinunter und öffnet die Haustür. Der Regen nimmt ihn in Empfang. Er hat den Schirm vergessen. Er hat sich keine Socken angezogen. Und festes Schuhwerk wäre sinnvoller gewesen als seine Filzpantoffeln, die sich schon nach den ersten Schritten mit Wasser vollgesogen haben. Er schaut nur flüchtig nach rechts und links und überquert die Kreuzung. Er erahnt die Nachbarn, die ihn hinter den Gardinen beobachten. Der Regen läuft ihm übers Gesicht und den Nacken hinunter bis an den Bund seiner Schlafanzughose. Er wird sich erkälten. Alte Menschen sterben gerne an einer Lungenentzündung, denkt er. Das geht ganz schnell. Dann steht er neben dem Krankenwagen. Er klopft an die Scheibe der Seitentür. Ein Sanitäter öffnet.

»'n Abend. Ich bin Jakob Engels. Das ist meine Frau da drinnen.«

Jakob deutet zögerlich mit der Hand auf Barbara.

»Mensch, kommen Sie rein, Sie sind ja klatschnass.«

Der Sanitäter greift unter seinen Arm und zieht ihn in den Wagen. Jakob setzt sich neben seine Frau auf die Trage, legt einen Arm um sie und küsst sie auf die Wange. Barbara scheint sich wieder beruhigt zu haben. Er nimmt die Decke von ihren Schultern und zieht ihr den Morgenmantel an.

»Ich will nach Hause«, sagt Barbara und starrt einen der Sanitäter an, mit einer Mischung aus Feindseligkeit und Angst.

»Gleich können Sie mit Ihrem Mann nach Hause gehen, Frau Engels«, sagt die junge Notärztin, die irgendetwas auf ein Klemmbrett notiert.

»Haben Sie ihr was gegeben?« fragt Jakob.

»Nur ein harmloses Beruhigungsmittel.«

»Ich will nach Hause, ich will jetzt nach Hause.« Barbara macht Anstalten von der Trage aufzustehen.

»Wir gehen ja gleich«, sagt Jakob und bedeutet ihr noch kurz sitzen zu bleiben. Sie schürzt die Lippen und ist offensichtlich böse auf ihn.

Bemüht nicht dabei zu stöhnen, kniet Jakob sich vor seine Frau und zieht ihr Socken und Pantoffeln an.

»Herr Engels, ist so was schon öfter mal vorgekommen? Ich meine, dass Ihre Frau so einfach wegläuft.«

»Nein, das hat sie noch nie getan. Natürlich gibt es Tage, wo sie verwirrt ist und nicht genau weiß, wo sie ist. Aber das ist immer nur vorübergehend.«

»Sie müssen in Zukunft besser auf Ihre Frau aufpassen«, sagt die Notärztin lächelnd und legt ihm ihre Hand auf die Schulter. Sie hat gelernt, wie man mit alten Menschen umzugehen hat, denkt Jakob. Es ist ihm unangenehm, dass die junge Frau ihn so berührt, so als wäre er ein kleiner Junge, der einen verzeihlichen Fehler gemacht hat. Sie ist so selbstbewusst, so überzeugt von dem, was sie tut. Die Haare zu einem Pferdeschwanz zusammengebunden, hat sie eine vollkommen klare Vorstellung von ihrer Zukunft, denkt Jakob. Er fühlt sich hilflos.

»Schließen Sie vor allem nachts die Wohnungstür ab, ja? Am besten auch tagsüber. Sie hat Glück gehabt, dass sie nicht von einem Auto angefahren wurde.«

Sie schaut auf ihr Klemmbrett.

»Ein Herr Hoffmann, ein Nachbar von Ihnen, hat Gott sei Dank die Polizei verständigt.«

Hoffmann, denkt Jakob. Natürlich musste er als erstes die Polizei rufen, statt ihm direkt Bescheid zu sagen. Dieses Arschloch hat bestimmt seinen Spaß daran, wenn alle im Dorf mitbekommen, dass Barbara verrückt geworden ist und nachts halbnackt auf die Straße läuft.

»Dann lass uns gehen, ja?«, sagt Jakob.

Barbara starrt vor sich hin und sagt nichts. Der Sanitäter schiebt die Tür auf. Der Regen hat aufgehört. Die Polizei ist nicht mehr da.

»Danke für Ihre Hilfe«, sagt Jakob zu niemand Bestimmtem. »Vielen Dank.« Jakob hilft seiner Frau aus dem Wagen.

»Kein Problem. Dafür sind wir ja da.« Die Krankenwagentür wird zugeschoben.

Und sofort spürt er wieder die Blicke hinter den Vorhängen und Gardinen. Auch wenn sie im Dunkeln stehen, sie sind da, sie beobachten ihn, sie flüstern sich etwas zu. Er glaubt es fast hören zu können, ihr Tuscheln, ihre Boshaftigkeiten.

Sieh ihn dir an, sagen sie ... sieh ihn dir an, da geht er ... seit er Barbara kennen gelernt hat, hat sie ihn nur betrogen ... das ganze Dorf hat es gewusst ... und er hat zu ihr gehalten ... sieh ihn dir an ... und dann hat er sie doch tatsächlich geheiratet ... er hat diese Frau auch noch geheiratet ... alle haben über ihn gelacht ... er ist es selber schuld ... so dumm kann man nicht sein ... in Weiß hat sie ihn geheiratet ... in Weiß ... ihre Hochzeit war ein großes Fest ... da unten geht er ... man glaubt es nicht ... drei ihrer Liebhaber waren auch auf der Hochzeitsfeier ... sie haben sich volllaufen lassen auf seine Kosten ... sie haben ihn ausgelacht ... jeder hat es gewusst ... und jetzt, wo sie verkalkt ist, hat er sie immer noch am Hals ... er hätte sie ins Heim stecken können ... das muss wahre Liebe sein ... was für ein Narr.

Er kann sie hören. Dutzende Stimmen liegen übereinander und dröhnen in seinen Ohren. Hoffmann hat die Gardinen natürlich aufgezogen. Er versteckt sich nicht. Er steht mit seiner Frau im hell erleuchteten Zimmer direkt hinter den Fenstern. Jakob tut so, als sehe er sie nicht.

Dann geht er mit Barbara ins Haus. Er schließt die Wohnungstür ab und nimmt den Schlüssel aus dem Schloss. Er zieht ihr die nassen Sachen aus, trocknet ihren Körper ab, rubbelt ihn warm, zieht ihr ein frisches Nachthemd an. Und noch mal frische Socken, die immer vorgewärmt auf der Heizung liegen. Dann legt er sie ins Bett auf die rechte Seite, ihre Einschlafseite. Jakob setzt sich in den Sessel in der im Dunkeln liegenden Ecke des Zimmers. Das diffuse Licht der Straßenlaterne wirft einen schwachen Schimmer auf Barbaras Gesicht. Ihre Augen sind geöffnet und starren scheinbar durch die Wand hindurch, so als würde sie hoch konzentriert einer kaum wahrnehmbaren Musik lauschen. Ihre Haare liegen strähnig über der Hälfte ihres Gesichts. Jakob versucht sich an ihr Gesicht zu erinnern als sie eine junge Frau war. Aber er sieht nur ihre langen blonden Haare, die weit über ihre Schultern reichten, ihr Gesicht sieht er nicht. Er ist gezwungen, sich die alten Fotos aus dem Album anzusehen, dann weiß er, wie schön sie einmal war. Und wenn er das Fotoalbum weggestellt hat, hat er auch wieder ihr Gesicht vergessen. Seltsam, er kann sich an alles aus der Vergangenheit erinnern, nur nicht an ihr Gesicht.

»Ich muss zur Schule«, sagt sie plötzlich, und schaut immer noch ohne jede Bewegung in eine imaginäre Ferne. »Ich habe meine Hausaufgaben nicht gemacht.«

Jakob sieht, wie sich eine Träne in ihrem Augenwinkel bildet, den Nasenflügel und die Wange herabrinnt und in den sichelförmigen Falten ihres Mundwinkels versiegt.

»Aber morgen ist doch Sonntag«, flüstert Jakob. »Da musst du nicht zur Schule, da hast du frei.«

Er schämt sich dafür, wenn er mit ihr wie mit einem Kind spricht. Jetzt schaut sie in die dunkle Ecke, dorthin wo seine Stimme herkommt. Jakob steht aus seinem Sessel auf und legt sich zu ihr ins Bett. Er rückt ganz dicht an sie heran, legt einen Arm um sie und drückt sanft ihre Brüste. Sie sagt nichts. Er denkt flüchtig an die Männer, die alle bei ihr lagen und drückt ihre Brüste ein wenig fester.

Schonzeit

Alfons hat ihn schon Tage vorher gespürt. Diesen Drang, der ihn in die Felder treibt. Er hat immer wieder aus dem Küchenfenster gesehen, über das alte Backsteinhaus auf der anderen Straßenseite hinweg in den westlichen Himmel, dort, wo die Felder beginnen.

Am nächsten Samstag, schon früh morgens, während seine Frau noch schläft, würde er dann in seinen Geländewagen steigen und über die Felder fahren. Ganz langsam und nur im ersten oder zweiten Gang. An viel versprechenden Stellen würde er anhalten, den Motor abstellen und darauf warten, dass sich etwas bewegt. Und falls sich dann etwas bewegte, würde er lautlos die Seitenscheibe herunterfahren, sein Gewehr anlegen und es erschießen. Vielleicht einen Hasen, einen Fasan, oder mit sehr viel Glück auch einen Fuchs. Sollte er gar nichts finden, das sich zu erschießen lohnte, würde er sich auch schon mit einer Taube oder einer Amsel zufriedengeben. Irgendetwas würde sich immer finden.

Alfons sehnte sich den Samstag herbei.

Und dann ist es Samstag und nichts ist so gelaufen wie er es sich vorgestellt hat. Es ist schon Mittag und seit über sechs Stunden hat er noch nichts erlegen können. Aber für eine Taube oder Amsel ist es ihm noch zu früh. Er hofft immer noch auf etwas Größeres, Bedeutenderes. Er hat ja noch den Nachmittag. Auch wenn es der bisher heißeste Tag des Jahres werden sollte. Das haben sie im Radio gesagt.

Alfons hat den Geländewagen hinter einer Buschreihe abgestellt und ist auf einen Hochstand geklettert. Von hier aus, aus sechs Metern Höhe, blickt er durch einen zwanzig Zentimeter breiten Spalt über eine große Wiese mit Apfel- und Pflaumenbäumen. Dahinter liegt ein kleiner Birkenhain.

Es ist tatsächlich heiß geworden und die Sonne knallt auf den Bretterverschlag, der den Geruch von ölgetränktem Holz und Teerpappe ausdünstet. Alfons sitzt schon über eine Stunde so, aber nichts hat sich bisher bewegt. Die Hitze scheint alles Leben gelähmt zu haben.

In einer Kühltasche hat er Brote und zwei große Flaschen Mineralwasser mitgebracht. Sobald er einen Schluck des kalten Wassers trinkt, schwitzt sein Körper es sofort wieder aus, sein Unterhemd klebt fest an seinem Rücken. Schweiß tritt ihm auf die Stirn und läuft ihm in die Augen.

So harrt Alfons eine weitere Stunde aus. Und schließlich wird sein Warten doch belohnt. Nicht so wie er es sich erhofft hat, aber immerhin.

Eine rotbraun gestreifte Katze schleicht durch das hohe Gras. Alfons hat sie sofort gesehen. Er ist jetzt aufgeregt. Er greift nach seinem Gewehr, entsichert es und legt an. Das Fadenkreuz im Zielfernrohr wandert mit der Katze. Plötzlich verharrt sie in der Bewegung. Irgendetwas hat sie wahrgenommen.

Alfons hält den Atem an. Sein Finger krümmt

sich langsam um den Abzug - und entspannt sich gleich wieder.

Denn von links hört er Stimmen. Er schaut zum Feldweg herüber und entdeckt zwei Radfahrer. Ein Junge und ein Mädchen, in jugendlichem Alter, schätzt er. Sie fahren nebeneinander und halten sich an den Händen. Hinter der Wiese halten sie an und steigen von ihren Rädern. Das Mädchen nimmt eine zusammen gerollte Decke vom Gepäckträger und sie gehen ein Stück in den Birkenhain, immer noch Hand in Hand. Nach nur wenigen Metern schauen sie sich um und lassen sich auf der Decke nieder. Sie fühlen sich unbeobachtet. Aber Alfons sieht sie. Durch das Zielfernrohr kann er die Beiden näher heranholen. Jetzt knien sie voreinander. Das Mädchen schaut den Jungen sehr ernst an und streichelt, wie in Zeitlupe, ehrfürchtig sein Gesicht. Er tut es ihr nach. Es gleicht einem religiösen Ritual. Dann küssen sie sich flüchtig, fast wie zufällig.

Alfons spürt, wie das Blut schneller durch seine Venen gepumpt wird und er bekommt eine Erektion. Sie beginnen einander auszuziehen.

Erst langsam und behutsam, dann fahriger und ungeduldiger. Schließlich kniet sie nur noch in einem weißen Slip vor ihm und zieht an den Hosenbeinen seiner Jeans. Alfons lässt ebenfalls seine Hose herunter. Eine khakifarbene Bundeswehrhose mit Luftlöchern im Schritt hängt nun zusammen mit seiner Unterhose auf seinen Knöcheln. Mit der rechten Hand hält er das Gewehr im Anschlag, mit der linken hält er sein Geschlecht. Langsam beginnt er zu onanieren, während das Liebespaar jetzt vollends unbekleidet ist. Nur die Blätter der licht stehenden Birken schattieren den schneeweißen Leib und die langen gewellten kupferroten Haare des Mädchens.

Der Junge kniet jetzt zwischen den Beinen des Mädchens. Hinter sich auf ihren Ellbogen aufgestützt, bilden ihr zurückgeworfener Kopf, Hals und Oberkörper eine straff gebogene Linie, die sich ihrem Freund entgegen drängt. Alfons findet es rührend, wie sie versucht, verrucht zu wirken und Erfahrung zu simulieren. Niemals hat er etwas Unschuldigeres gesehen. Abwechselnd küsst und streichelt der Junge ihre kleinen Brüste. Dann küsst er ihren Bauch. Alfons beschleunigt die Bewegungen seiner linken Hand. Nicht zu schnell, denn sonst käme sein ganzer Körper in Bewegung und er könnte sein Gewehr nicht mehr ruhig genug halten, um durch das Zielfernrohr alles genau zu verfolgen. Der Junge legt sich nun ganz auf das Mädchen, das ihn mit einem um seinen Hals gelegten Arm an sich zieht. Ihre Schenkel sind übertrieben weit gespreizt. Sie ergibt sich ihm, denkt Alfons in größter Erregung und ist dennoch irgendwie von ihr enttäuscht.

Und dann visiert er den Kopf des Mädchens an. Wenn er jetzt abdrückt, denkt er, würde er ihre Schläfe treffen und sie wäre tot, noch ehe sie seinen Schuss überhaupt gehört hätte. Ein dünnes Blutrinnsal würde aus einem kleinen Loch in ihrem Kopf sickern und auf ihrer weißen Haut an Wange und Hals hinunterrinnen. Er könnte auch dem Jungen einen Kopfschuss verpassen. Er würde wie ein Sack Zement auf dem Leib seiner Freundin zusammensacken.

Alfons drückt nicht ab.

Schon nach kurzer Zeit lässt der Junge von dem Mädchen ab und rollt sich neben sie. Nebeneinander auf dem Rücken liegend, schauen sie schweigend in die Wipfel der Birken. Die beiden sind fertig.

Alfons aber noch nicht. Er hält sein pochendes Geschlecht in der Hand und weiß nicht weiter. Die beiden Liebenden ziehen sich nun langsam wieder an. Nach jedem Kleidungsstück, das sie sich anziehen, küssen sie sich kurz. Ein neckisches Spiel, denkt Alfons, und er hegt für einen Moment die Hoffnung, dass die Beiden es noch einmal tun würden. Aber das passiert dann doch nicht und Alfons reibt sich enttäuscht die strapazierten Augen.

Er lehnt sich zurück und als sich dann sein Blick langsam wieder schärft, schiebt sich gerade die rotbraun gestreifte Katze in sein Sichtfeld. Mit drei raschen Sprüngen hechtet sie den Stamm eines Apfelbaums hoch und sitzt nun in der untersten Astgabelung. Vermutlich hat sie von hier oben einen besseren Überblick über Kleintierbewegungen. Alfons legt an. Seine nachlassende Erektion erneuert sich. Er zielt auf den kleinen dreieckigen Kopf. Sein Finger krümmt sich. Und dieses Mal zieht er den Abzug durch. Der Schuss peitscht durch die Stille der Nachmittagshitze. Der Junge und das Mädchen schauen sich ruckartig um und sehen eine gleichzeitig aufkreischende und Salto schlagende Katze. Sie prallt auf die Astgabel, fällt von dort in die Tiefe, und bleibt auf dem Rücken liegen. Ein Hinterlauf zuckt noch zweimal, um dann in der letzten Bewegung zu erstarren.

Alfons ejakuliert ausgiebig. Gegen die Bretter des Hochstands, auf sein linkes Knie, auf seine Bundeswehrhose.

Jetzt ist auch er endlich fertig.

Der Junge greift nach der Decke und nimmt das Mädchen an die Hand, zieht sie hinter sich her zu ihren Fahrrädern, nur weg von hier. Sie treten in die Pedale, Richtung Glesch, die Anhöhe hinauf, hinter der das Dorf liegt.

Alfons schaut ihnen träge nach. Und während sie kleiner werden und zu einem bunten unscharfen Punkt in der Ferne verschmelzen, malt er sich aus, wohin sie jetzt fahren würden.

Alfons stellt sich ein Freibad vor. Das Mädchen trägt einen hellgrünen Bikini, der gut zu ihren roten Haaren passt. Sie hält sich die Nase zu, wenn sie mit Anlauf ins Becken springt, obwohl sie weiß, dass man vom Beckenrand nicht springen darf. Der Junge cremt sie mit Sonnenschutzmilch ein; ihre blasse Haut ist ja so empfindlich. Und am Abend sind sie bei Schulfreunden auf einer Grillparty. Sie stehen etwas abseits von den Anderen und füttern sich gegenseitig mit kleinen Fleischstückchen. Den ganzen Abend können sie nicht voneinander lassen, haben nur Augen für einander. Ihre Freunde sind schon etwas eifersüchtig. Und in der späten Nacht fahren sie mit Dynamolicht an der Erft entlang bis ans Ufer des *Peringsmaar*, wo sie im jetzt kühlen Gras noch einmal miteinander schlafen, sanft und immer auf den Anderen bedacht.

Das stellt sich Alfons vor.

Und dann sind die Beiden endgültig hinter der Anhöhe verschwunden und er lehnt sich wieder zurück in die Dunkelheit des Hochstands. Alleine mit sich, seinem schweißnassen besudelten Körper und einer toten Katze irgendwo da vorne am Fuße des Apfelbaums. Er sieht an sich herunter und ihn überkommt ein schleichend aufsteigender Ekel. So sitzt er mehrere Minuten da.

Der Ekel bleibt. Er blickt auf den Birkenhain. Das Gras ist noch flach an der Stelle, wo sich das Paar geliebt hat.

Ich hätte sie beide erschießen können, flüstert Alfons. Ich hätte es tun können.

Dann beugt er sich langsam nach vorne, und für einen langen Moment blickt er tief in die finstere Mündung seines geladenen Gewehrs, während sein Daumen über der glatten, kühlen Metallmulde des Abzugs zittert.

Schäferstündchen

»Und du bist wirklich Messdiener?« fragt Jenny.

Andreas dreht sich erschrocken um. Er hat gerade den Messdienerplan für den nächsten Monat ans Schwarze Brett der Kirche gehängt. Er sieht Jenny und schaut sofort zum Spielplatz neben der Kirche. Jennys Leute hocken dort auf einem Klettergerüst. Alle mit schwarzen Lederjacken. Das sieht aus wie eine Szene aus *Die Vögel*, denkt er. Einer hängt kopfüber an einer Querstange. Alle rauchen. Auch der an der Querstange. Sie beobachten Jenny und ihn so, als säßen sie im Kino.

»Warum macht man so was? Ich meine, Messdiener werden.«

Jenny greift in die Innentasche ihrer Jeansjacke, holt ein Päckchen Lucky Strike und ein Feuerzeug heraus und zündet sich eine an.

Sein Bruder war Messdiener und ein paar Leute aus seiner Klasse sind es auch. Und es macht ihm Spaß, aber das sagt er ihr nicht.

»Ich weiß nicht«, sagt er.

Jenny bläst den Rauch seitlich zum Boden hin aus, als würde sie ihn ausspucken.

»Da ist man auch bei Beerdigungen dabei, nicht? Bist du so was wie 'n Grufti, oder so?«

Andreas schaut an ihr vorbei und schüttelt schwach den Kopf. Er weiß nicht genau was ein Grufti ist, aber er muss an weißhäutige Typen denken, die nachts auf Friedhöfen rumhängen. Das hat er mal in einem Film gesehen.

Beide schauen zum Spielplatz. Einer der Jungen dreht sich mit dem Rücken zu ihnen und legt sich wie ein Pantomime die Arme um die Schulter, so als würde er ein Mädchen im Arm halten und übertrieben leidenschaftlich küssen.

»Die Jungs sagen, du magst mich. Stimmt das?«

Andreas glaubt zusammenzusacken. Er senkt den Kopf und sieht ihre roten *Nike*-Turnschuhe. Er wünscht sich, dass er nur dreimal die Hacken zusammenschlagen bräuchte um wieder zu Hause und in seinem Zimmer zu sein, so wie Dorothy im *Zauberer von Oz*.

Er hält den Kopf schon viel zu lange gesenkt. Wenn er sie jetzt nicht anschaut, wenn er ihr jetzt nicht direkt in die Augen blickt, weiß sie, dass sie Recht hat.

»Wie kommen die darauf?«, fragt er und schaut Jenny in die Augen. Er kann ihrem Blick kaum standhalten. Er hat sie noch nie aus so großer Nähe gesehen. Sie ist wirklich so schön, wie er es aus der Entfernung immer nur erahnen konnte.

»Na, du würdest mir immer hinterher gucken. Sagen die.«

»Was für'n Quatsch«, lügt er ihr ins Gesicht.

Was ihn wirklich fasziniert, ist nicht nur ihr Gesicht, fast noch mehr ist es ihr Gang. Ihre weit ausholenden, federnden Schritte, ein sanftes Dahinschweben. Noch nie hat er ein Mädchen so gehen gesehen. Er hätte ihr sonst wie lange nur beim Gehen zuschauen können.

Die Kirchenglocke hoch über ihnen schlägt sieben Mal.

Jenny zieht an ihrer Zigarette und bläst den Rauch jetzt mit vorgeschobener Unterlippe aus, knapp an seinem Gesicht vorbei.

»Also du bist nicht in mich verknallt?«

»Verknallt?« Andreas merkt, dass er rot wird und tut so, als würde er sich mit der Hand die Sonne vom Gesicht fernhalten. Wieso spricht sie diese Dinge so direkt aus? Wieso schämt sie sich nicht, ihn das zu fragen, denkt er.

»Ja. Verknallt. Oder verliebt, wenn dir das lieber ist.« Bei dem Wort *Verliebt* verdreht sie die Augen.

»Bestimmt nicht«, sagt Andreas. Seine Stimme ist schwach und zittert leicht. Er legt die Stirn in Falten und versucht so etwas wie ein herablassendes, bedauerndes Lächeln, das ihm nicht richtig gelingt.

»Okay. Dann brauchst du ja auch nicht rot werden. Ich dachte schon, ich müsste Angst haben.«

»Nee«, sagt er. »Nicht vor mir.«

»Okay«, sagt sie. »Dann wär' das ja geklärt.«

Sie schweigen und beobachten beide eine alte Frau, die vor der Pfarrei gegenüber den Bürgersteig fegt. Die Frau schaut zu ihnen auf und als sie bemerkt, dass sie angestarrt wird, fegt sie etwas schneller und grober und verschwindet wieder in der Tür der Pfarrei.

»Sie hat Angst vor mir«, sagt Jenny. »Kann mir ja nicht alles gefallen lassen. Hat mich im ganzen Dorf Hure genannt, weil ich mit den Jungs rumhänge.« Sie zuckt mit den Schultern. »Hab dann bei ihr geklingelt und gesagt, dass sie ihr stinkendes, verlogenes Maul halten soll. Seitdem geht sie mir aus dem Weg.«

»Die hat über jeden im Dorf was zu lästern, das darf man nicht ernst nehmen«, sagt Andreas. Das war zwar gelogen, aber der Satz kommt mit so einer unanzweifelbaren Überzeugung über seine Lippen, dass er über sich selbst staunt.

»Tu' ich auch nicht. Die Alten denken, nur, weil sie alt sind und bald ins Gras beißen, können sie sich alles erlauben. Ich habe keine Angst vor denen.«

Jenny schaut in den Himmel, als würde sie sich von diesen schlechten Gedanken ablenken wollen. Dabei streicht sie sich eine Haarsträhne hinters Ohr und Andreas entdeckt ein kleines Muttermal an ihrem Hals. Er stellt sich vor, wie er das Muttermal küsst, während sie weiter in den Himmel blickt und sie nichts dagegen hat. Dann zwingt er sich, diesen Tagtraum zu beenden, aus Angst, dass sie ihm seine Gedanken an den Augen ablesen könnte.

»Sieh mal, zwei Kondensstreifen, die sich kreuzen«, sagt Jenny. »Wir dürfen uns was wünschen«.

Andreas kennt dieses *Sich-etwas-wünschen-können* nur von Sternschnuppen. Vielleicht hat sie das nur erfunden, warum auch immer, aber diese plötzliche Vertrautheit, dieses *Wir*, das eine Situation nur sie und ihn etwas angeht, gefällt ihm. Und während die Kondensstreifen langsam ineinander verlaufen, konzentriert er sich auf seinen Wunsch in fast andächtiger Stille. Es ist eher ein Gebet als ein Wunsch: *Bitte lieber Gott, lass mich alles richtigmachen, lass mich einmal alles richtigmachen.*

»Und? Hast du dir was gewünscht?«

Andreas nickt. Er hat seine Hände in die Gesäßtaschen seiner Jeans gesteckt.

»Und du? «

»Meine Wünsche gehen sowieso nie in Erfüllung. Taten sie noch nie.«

»Doch. Heute schon«, sagt Andreas. Es ist ihm, als habe ein anderer Mensch durch seinen Mund gesprochen. Jenny schaut ihn an. Ohne Aggression, ohne auf der Lauer zu liegen. Mit dem Anflug eines Lächelns.

Aber dann scheint alles ganz schnell vorbei zu sein, so als sei das Gottes Antwort auf sein Gebet. Die Jungen auf dem Spielplatz winken Jenny zu sich. Andreas nickt mit dem Kopf zu ihnen hinüber.

»Ich glaub', die warten auf dich.«

»Kann sein. Und wenn schon, ich mach was ich will.«

Andreas presst die Lippen zusammen und nickt. Er schaut nervös auf seine Armbanduhr.

»Musst du weg?«

Er antwortet ihr nicht. Warum hat er auf seine Uhr gesehen, denkt er. Natürlich glaubt sie jetzt, dass er sich unwohl fühlt und von hier weg will.

»Muss ich auch«, sagt Jenny. »Muss noch was für Mathe machen. Dann komm ich eben mit, ok? Ich wohn' an der Schwimmhalle.«

»Ich weiß«, sagt er und ahnt, dass das zuzugeben, ein Fehler war.

»Du weißt, wo ich wohne?«

»Hab dich schon öfter aus eurem Haus kommen sehen.«

»Ah, also beobachtest du mich doch.«

»Wieso? Ich hab' dich da zufällig ein paar Mal gesehen.«

»Zufällig?«

»Ja, ja, nur zufällig. Wenn ich zur Schwimmhalle fahre, kann ich in eure Straße sehen und...«

»Aha«, sagt Jenny. Sie fragt nicht weiter.

Als sie zusammen weggehen, pfeifen die Jungen ihnen hinterher und machen irgendwelche unverständlichen Bemerkungen. Ein Junge küsst seinen Handrücken und macht mit der Hüfte nach vorne stoßende Bewegungen. Jenny zeigt ihnen den ausgestreckten Mittelfinger.

Andreas stellt sich vor, sie jetzt zu fragen, ob das Ganze hier so was wie eine Mutprobe sein soll und ob die Jungs sie dazu angestiftet haben. Sie würde beteuern, dass sie wirklich noch was für die Schule tun müsse, aber ihre Augenlider würden anfangen zu flattern und er hätte ihre Lüge entlarvt.

Denn Andreas weiß, dass Mädchen wie Jenny nichts für die Schule tun. Mädchen wie Jenny beenden die Schule ohne Abschluss und landen dann an den Kassen der Supermärkte. Das hat ihm seine Mutter gesagt.

Sie gehen die Peringser Straße hoch. Sein Blick trübt sich und die Häuser rechts und links der Straße sind nur noch Landschaft, die unscharf an ihm vorbei gleitet.

Jenny Weitz geht neben mir, denkt Andreas ununterbrochen in einer Endlosschleife. Er ist so froh, einfach nur neben ihr gehen zu dürfen.

Bitte, lieber Gott! Lass mich bitte alles richtigmachen, bitte.

»Du bist nicht sehr gesprächig, was?«

»Kann schon sein«, sagt Andreas.

Dann stehen sie vor der Sparkasse. Hier würden sich ihre Wege trennen.

Jenny bleibt stehen und tritt ihren Zigarettenstummel mit der Spitze ihres roten *Nike*-Turnschuhs aus.

»Sag mal, warst du auch bei Bennos Beerdigung dabei?«

Sein Blick löst sich endlich von ihrer Fußspitze.

»Ja«, sagt Andreas.

»Und, wie war das?«

»Wie soll es gewesen sein?«

»Ich meine, war es anders als sonst?«

Andreas überlegt.

»Eigentlich nicht.«

»Ist Selbstmord nicht verboten? Von der Kirche, meine ich«, fragt Jenny.

»Kann schon sein. Ich glaube, die sehen das nicht so gern. Von wegen Gott hat dir dein Leben gegeben und nur Gott kann es dir nehmen, oder so ähnlich.«

»Du kennst dich ja aus«, sagt Jenny und schaut in die Fieselerstraße, als würde sie versuchen etwas richtig abzuschätzen.

»Wenn du willst, können wir noch was aufs Feld gehen. Bisschen spazieren.«

»Klar. Meinetwegen«, flüstert er ohne zu überlegen. Es ist genau das, was er sich immer gewünscht hat und dennoch überkommt ihn der Drang wegzulaufen.

Es muss was dahinterstecken, denkt Andreas. Warum will sie mit ihm spazieren gehen? Ausgerechnet mit ihm.

Sie überqueren die Gleise und gehen den asphaltierten Feldweg an den Pferdekoppeln entlang.

Und dann fällt Andreas doch noch etwas zu Bennos Beerdigung ein. Etwas, das tatsächlich seltsam und nicht normal war. Wieso war ihm das nicht eben schon eingefallen?

»Sie haben nicht geweint«, sagt Andreas, »sie haben beide nicht geweint.«

»Was? Wer?«, fragt Jenny.

»Bennos Eltern. Sie haben die ganze Zeit kein einziges Mal geweint. Nicht ein einziges Mal. Die Einzige, die geweint hat, war seine Großmutter. Sie saß im Rollstuhl und versuchte die ganze Zeit aufzustehen. Niemand konnte sie beruhigen. Ich glaube, wenn sie gekonnt hätte, wäre sie tatsächlich aufgestanden und hätte sich mit ins Grab gestürzt.«

Sie setzen sich auf eine Holzbank neben der *Elsdorfer Fließ*. Hinter dem Birkenhain geht die Sonne unter. Von hier aus kann man Glesch nicht mehr sehen, nicht einmal die Spitze des Kirchturms. Nur noch das Wasserwerk und das Gelände des Schäferhundevereins.

»Willste 'ne Zigarette?«

»Ich rauch' nicht.«

»Klar. Als braver Messdiener.«

»Nee, hat damit nix zu tun. Mein Opa hat Lungenkrebs davon bekommen.«

»Und?«

»Ist voriges Jahr gestorben.«

Jenny zündet sich noch eine Zigarette an. Erst jetzt fallen ihm ihre rosa lackierten Fingernägel auf, die mit kleinen blauen Strasssteinchen besetzt sind.

»Weißt du, warum Benno sich umgebracht hat?«, fragt Jenny.

»Nein«, sagt Andreas, aber eigentlich weiß er es doch.

»Kannst du dir vorstellen, wie es ist, wenn man sein ganzes Leben lang nur verarscht wird. Ich meine, Benno sah wirklich scheiße aus, das muss man schon sagen. Aber was hätte er tun sollen? Er kann ja nicht mit 'ner Maske vorm Gesicht rumrennen.«

»Klar«, sagt Andreas.

»Und irgendwann hat er's nicht mehr ausgehalten und…«

Jenny legt ihre Faust in den Nacken, bewegt sie ruckartig in die Höhe und lässt ihren Kopf nach vorne fallen.

»Aber warum haben seine Eltern nicht geweint?«, fragt Jenny.

»Weil sie heimlich froh darüber waren, dass er tot ist«, sagt Andreas, ohne zu zögern. »Weil er ihnen jetzt keine Probleme mehr macht. Weil sie sich nicht mehr schämen müssen.«

Jenny sieht ihn an.

»Genau. Benno war ihnen peinlich. Ihr eigener Sohn war ihnen peinlich.«

»Weißt du, was sie im Dorf über seinen Selbstmord sagen?«, fragt Andreas.

»Was sagen sie?«

»Sie sagen, dass es vielleicht so das Beste für Benno war.«

»Glaubst du auch, dass es das Beste für ihn war?«, fragt Jenny.

»Ich finde es gibt immer was Besseres.«

»Er hätte vielleicht nie eine Freundin abbekommen«, sagt Jenny.

»Warum nicht? Irgendwo auf der Welt gibt's bestimmt ein Mädchen, das die gleichen Probleme hat wie er. Oder ein blindes Mädchen. So wie in *Die Maske*. Kennst du den Film?«

Jenny schüttelt den Kopf und betrachtet ihre Zigarettenglut.

»Hast du eigentlich schon mal 'ne Freundin gehabt?«

»Nein.«

»Und warum nicht?«

»Weiß nicht. Ist einfach so.«

»Bist du schwul?«

»Häh?«

»Ob du schwul bist?«

»Nee. Was soll die Frage?«

»Hätt' ja sein können, dass du auf Jungs stehst. Wär' doch nicht schlimm.«

»Ich bin nicht schwul, okay?«

»Schon gut, schon gut. Aber du hast schon mal ein Mädchen geküsst, oder?«

Warum fragte ihn Jenny all das? Warum ließ sie ihn nicht mit so was in Ruhe?

»Nein, auch das noch nicht. Aber ich bin trotzdem nicht schwul.«

»Im Ernst? Du hast noch nie ein Mädchen geküsst?«

»Nein. Ist das schlimm für dich? Dafür hast du sicher 'ne Menge Erfahrung.« Er wollte das nicht sagen.

»Weiß nicht. Kann schon sein. Wie kommst du darauf? Hältst du mich jetzt auch für 'ne Hure, oder so was?«

»Nein, aber ich stell mir vor, dass die Jungs bestimmt schon mal was ... von dir wollten.«

»Das geht dich gar nichts an, okay?« Andreas glaubt ein wenig Stolz in ihrem Gesicht zu erkennen.

Beide schweigen. Jenny raucht und Andreas beobachtet einen Traktor, der am Horizont ein Feld pflügt. Die Sonne lässt die blank polierten Schaufeln der Egge leuchten.

»Mit zwei von den Jungs hab' ich mal rumgeknutscht, wenn du's genau wissen willst. Aber das war auch alles.«

»Du hast Recht. Es geht mich nichts an«, sagt Andreas.

Der Traktor dreht am Ende des Feldes und lässt seine Egge wieder in die Erde sinken.

»Sag mal, findest du mich eigentlich hübsch?«

Andreas spürt, dass er wieder rot wird. Schon wieder so eine Frage, die man nicht stellt, denkt er.

Er sucht nach Worten, die nicht seine Bewunderung für sie ausdrücken.

»Du bist schon OK«, ringt er sich ab und schaut zwischen seine Beine auf den Boden.

»Ich bin also OK.« Jenny lacht. »Nur einfach so OK, oder ... doch *sehr* OK?«

Er schaut in die Sonne, deren orangefarbene Scheibe von schwarzen Birkenstämmen zerteilt ist.

»Meinetwegen schon *sehr* OK.«

Dieses Mal spürt er, wie sich seine Wadenmuskeln anspannen und er fast schon im Begriff ist aufzustehen. Dennoch ist ihm das *Sehr OK* leichter gefallen als er gedacht hat und er bleibt sitzen.

»Hättest du Lust dazu?«, fragt Jenny.

»Wozu?«

»Ein Mädchen zu küssen.«

»Na klar, irgendwann mal.«

Andreas lehnt sich zurück und beobachtet aus den Augenwinkeln, wie Jenny den Rauch inhaliert, ihn langanhaltend ausbläst und dabei in die Ferne blickt.

»Hättest du Lust ... *mich* zu küssen?«

Jenny schaut ihn nicht an.

»Dich? Jetzt?«

Dann schaut sie ihn an.

»Wieso, bin ich dir nicht gut genug? Ich dachte ich bin *sehr* OK.«

»Ja. Klar.«

»Aber?«

»Nichts aber, ich mein, ich kenn dich doch gar nicht, das ist ein bisschen plötzlich, oder?«

Andreas schaut sich um. Er ist jetzt überzeugt, dass sich irgendwo Jennys Jungs versteckt halten und sie beide beobachten.

»Na, wir kennen uns jetzt schon über eine halbe Stunde. Wie lange brauchst du denn, bis du weißt, ob du's willst? Eine Stunde? Einen Tag? Soll ich morgen noch mal nachfragen?«

»Nein.«

»Ich werd's auch niemandem erzählen. Versprochen. Sieh dich mal um. Hier ist weit und breit kein Mensch. Niemand kann uns sehen. Nicht einmal der Typ in dem Traktor dahinten.«

Andreas schweigt.

»Pass auf, ich geh mal dahinten kurz pinkeln und danach sagst du mir, wie du dich entschieden hast, OK?«

Jenny steht auf und geht hinter einen Busch am Ufer der *Fließ*. Er schaut ihr nach. Ihre Schritte federn selbst hier auf unebener Erde.

Und mit einem Mal kommt ihm alles was er sieht so fremd und unwirklich vor. Es scheint ihm, als würde er die Landschaft auf einer riesigen Leinwand betrachten, in unnatürlichen Technicolor-Farben.

Er muss an Sarah denken. Sarah war eigentlich sein erster Kuss. Vor einem halben Jahr. Sie war auch Messdienerin. Es war in der Sakristei.

Eine Katastrophe. Sie hatte ihn ausgelacht. Wochenlang ging er ihr aus dem Weg. Und dann war sie mit ihren Eltern nach Stuttgart gezogen. Gott sei Dank. Natürlich kann er das Jenny nicht sagen. Mit Jenny darf sich so etwas nicht wiederholen.

Bitte lieber Gott, lass mich alles richtigmachen.

Jenny kommt hinter dem Busch hervor und zieht den Reißverschluss ihrer Jeans hoch.

»Und? Willst du?«

Ihre Stimme dringt zähflüssig zu ihm durch.

»Hallo? Kannst du mich hören?«

Andreas nickt zögerlich.

»Willst du jetzt oder nicht?«

»Ja ... ja klar. Warum nicht?«

Jetzt würde Jenny gleich sagen, dass alles nur ein Spaß sei und fragen, ob er wirklich geglaubt habe, dass sie ihn jetzt oder irgendwann jemals küssen werde. Was er sich bloß einbilde, der arme Irre. Und dann würde sie einfach lachend aufstehen und gehen. Genauso wird es passieren, denkt Andreas. Dann muss er an Benno denken und daran, ob Benno vielleicht nicht doch das Richtige getan hat, das Beste für ihn.

Jenny schnippt ihre halb gerauchte Zigarette ins Gras.

»Dann rück mal was näher an mich ran, ja? Dann ha'm wir's bequemer.«

»Okay.«

Ihre Knie berühren sich und er zuckt unweigerlich zurück.

»Keine Angst. Schau mich an.«

Andreas schluckt und schaut Jenny aufmerksam an, wie einer Lehrerin. Die zwei kleinen überschminkten Pickel auf ihrer Stirn machen ihm nichts aus. Sie beruhigen ihn auf eine bestimmte Weise.

»Leg deinen Kopf ein wenig schräg. So wie ich. Nur in die andere Richtung.«

Er spürt ihre Wärme, als sich ihre Oberschenkel gegeneinanderdrücken. Jenny lächelt. Es ist ein überlegenes Lächeln, denkt er. Er legt seinen Arm instinktiv um ihre Hüfte, ohne sie jedoch wirklich zu berühren. Er spürt ihren nach Nikotin riechenden Atem warm an seiner Wange und er denkt, dass sie ihm nur einen freundschaftlichen Kuss geben will und er ist fast erleichtert und gleichzeitig enttäuscht. Aber dann küsst sie ihn doch noch auf die Lippen. Jenny löst sich kurz von ihm. Beide sehen sich an und er kann sein Spiegelbild in ihrer Pupille erkennen, zusammen mit der untergehenden Sonne hinter ihm, die ihre untere Hälfte bereits eingebüßt hat. Dann küsst sie ihn erneut. Diesmal nur seine Oberlippe. Dann die Unterlippe. Und dann seine Mundwinkel, rechts links. Als würde sie ihn mit Küssen bekreuzigen, denkt er. Das gleiche noch mal. Nur schneller. Dann umschließt sie mit ihrem Mund den seinen, so als würde sie sein Gesicht aufsaugen wollen.

Bitte lass mich diesmal alles richtigmachen, denkt er noch einmal. Und dann denkt er an gar nichts mehr.

Andreas linker Arm umgreift nun fest ihre Hüfte und seine rechte Hand hält ihren Hinterkopf und drückt ihn an sich. Er tut das nicht bewusst, irgendeine Automatik hat sich eingeschaltet. Er ist überrascht, wie klein ihr Kopf ist. Er schmeichelt sich in seine Handfläche. Jenny schiebt ihre Zunge gegen seine Lippen und Andreas öffnet sie wie selbstverständlich. Sofort schmeckt er scharfes Nikotin in ihrem Speichel. Es ist nicht schlimm. Andreas presst ihren Kopf energischer gegen seinen Mund. Seine linke Hand löst sich von ihrer Hüfte und umgreift ihren Hals. Sie schluckt kurz und er spürt die warme Haut ihres Halses und ihren Kehlkopf unter seinem Daumen hoch und runter gleiten. Und er fühlt den dicken weichen Strang ihrer schnell pochenden Halsschlagader.

Jenny will sich von ihm lösen. Aber er will diesen Moment nicht so schnell enden lassen. Jetzt noch nicht.

Beide Hände umschließen ihren Hals. Sie reißt die Augen auf. Seine Augen sind geschlossen. Ihre Hände drücken gegen seine Brust. Sie öffnet den Mund. Sie will nach Luft schnappen. Andreas sieht es als Einladung. Er schiebt nun seine Zunge so tief es ihm möglich ist, in ihren Mund. Beide Mundhöhlen verschweißen zu einem hermetisch abgeschlossenen Raum. Gierig erkundet er ihr Inneres, leckt über ihre Zähne abwechselnd mit dem Fleisch ihrer warmfeuchten Wangeninnenseite und dem zuckenden Zungenmuskel.

Er nimmt ihren leichten Schweißgeruch wahr. Nicht unangenehm. Er passt zu ihr. Er ist richtig. Ihr Speichel rinnt in seinen Mund. Dann löst er sich von ihr. Und schluckt. Und schmeckt. Und schluckt noch einmal und atmet dann tief ein.

Ein schwacher lauwarmer Wind streicht über sein erhitztes Gesicht. Es ist still. Er sitzt einfach so da. Neben ihr. Er hat alles richtig gemacht, denkt er. Er genießt die Stille. Dann erst schaut er zu Jenny. Ihr Kopf liegt auf ihrer Brust.

»Geh'n wir?«, fragt Andreas.

Er steht auf und geht einige Schritte. Dann schaut er sich um. Sie bleibt auf der Bank sitzen. Und eigentlich wäre er froh, wenn sie nicht mitkommen wollte. Sie würde bestimmt über den Kuss reden wollen. Sie würde ihn fragen, ob er sich seinen ersten Kuss so vorgestellt hat.

»Oder willst du noch hierbleiben?«, fragt er. Vielleicht will sie jetzt auch alleine sein, denkt er, als sie nicht antwortet.

Ihre Augen sind halb geöffnet. Sie sieht zufrieden aus. Andreas wartet ein wenig unschlüssig. Dann dreht er sich um und geht nach Hause.

Krönungsball

Die Luft im Festzelt ist stickig. Es riecht nach einer unguten Mischung aus Bier, Zigaretten und Parfum. Die Tanzkapelle spielt einen Mallorca-Schlager. Viel zu laut, als dass man sich unterhalten könnte. Der Bretterboden knarrt unter all den tanzenden Paaren. Michael und seine Frau Bianca sitzen sich an einem schmalen Biertisch gegenüber. Michael trägt seinen Schützenanzug, der nach Mottenpulver riecht. Bianca ein beigefarbenes Seidenkleid mit Puffärmeln, das sie sich erst vor einer Woche gekauft hat. Er kommt sich lächerlich vor in seiner grünen Tracht. Das will er Bianca sagen, aber er müsste gegen die Musik anschreien. Er will nicht schreien. Er will hier nicht sein. Er tut es für Bianca. Nur ihretwegen ist er hier. Ihretwegen ist er Mitglied in der

Schützenbruderschaft geworden. Darum trägt er diesen stinkenden Anzug mit von Bianca blank polierten Abzeichen und Emblemen.

Michael geht zur Theke. Für Bianca holt er wie immer ein Radler, Bier mit Limonade. Er hat keine Ahnung, warum sie so etwas mag. Für sich bestellt er ein Kölsch. Er fragt sich, wie lange er es auf dieser harten Holzbank aushalten muss, bis Bianca entscheidet, dass sie gehen können. Er kommt sich verlassen vor, inmitten dieser feierwütigen Menschen. In diesen Momenten wünscht sich Michael immer, ein wenig unnachgiebiger zu sein. Er versucht sich vorzustellen, wie er einfach aufsteht, nach Hause geht, und seine Frau alleine zurücklässt. Aber die Vorstellung zerfällt, noch ehe er sie in ihrer letztendlichen Konsequenz zu Ende gedacht hat.

Es ist seine Schuld. Er ist immer nachgiebig gewesen, von Anfang an. Er war für sie von Düsseldorf nach Glesch gezogen, obwohl er in Düsseldorf arbeitet. Bianca bestimmt, in welche Filme sie gehen, oder welchen Urlaub sie buchen. Selbst den Namen ihres Sohnes hat sie alleine ausgewählt. Sicher, er durfte Vorschläge machen, aber sie hat jeden sofort verworfen und sich schließlich für Ingolf entschieden. Erst als der Name in der Geburtsurkunde stand, hatte sie ihn gefragt, was er von dem Namen halte. Er gefällt mir, hatte er gelogen.

Die Tanzkapelle hat jetzt eine Pause eingelegt. Der heute Morgen erst gekrönte Schützenkönig betritt eine kleine erhöhte Bühne, um seine Antrittsrede zu halten. Tuschelnden und kichernden Paaren, die von der Tanzfläche zurück zu ihren Tischen eilen, bedeutet man mit dem Zeigefinger vor dem Mund leise zu sein. Als der Schützenkönig mit seiner Rede beginnt, drehen die Leute ihre Köpfe in dessen Richtung. Michael kennt diesen Mann nicht und es interessiert ihn auch nicht, was er zu sagen hat.

Auch Bianca hat sich zur Bühne gedreht und Michael betrachtet ihr Profil. Ihre hohe Stirn, die schmale Nase, ihre vollen Lippen und die noch immer glatte Haut. Sie ist schön, denkt er. Sie ist zweiundvierzig und immer noch schön. Das Gesicht passt nicht zu ihrer Einfachheit. Es stört ihn, dass sie nie ein Buch liest und Schwarzweißfotografien von aus dem Meer schnellenden Walflossen für Kunst hält. Aber immer wenn er sie ansieht, hat er dieses warme Gefühl des Verzeihens, das wahrscheinlich mehr auf Mitleid und einem banalen Beschützerinstinkt beruht. Nicht, dass sie schwach wäre, aber ihre Schlichtheit sieht er eher als eine Behinderung, eine unheilbare Krankheit, einen Unfall der Natur. Auf jeden Fall Etwas, für das sie keine Schuld trägt. Es gibt Kollegen im Büro, deren Frauen entweder klug und hässlich oder dumm und schön sind. Das ist die Mehrzahl. Aber dann gibt es einige wenige, deren Frauen sowohl dumm als auch hässlich sind. Und das sind dann die Witzbolde, die zu jeder Situation einen lustigen Spruch abrufbereit haben, so als könnten sie ihr Problem einfach weglachen. Er gehört zur Mehrzahl und das beruhigt ihn. Jetzt, wo er darüber nachdenkt und sie ansieht, bekommt er Lust mit ihr zu schlafen. Sie haben immer noch regelmäßig Sex. Und der Sex ist gut. Das heißt doch, dass sie ihn als Mann akzeptiert, denkt Michael.

»Kannst du nicht wenigstens so tun, als ob du ein bisschen Spaß hättest?«, flüstert Bianca. Sie hat bemerkt, dass Michael sie wie in Trance angestarrt hat. Er hat nur Satzfetzen aus der Rede des Schützenkönigs mitbekommen. Da ging es um Zusammengehörigkeitsgefühl und Stärkung des Dorflebens, das Wohl der Bruderschaft und die Verbundenheit zum Wohnort.

Er will ihr gerade erklären, dass er hier niemals so etwas wie Spaß haben könnte und viel lieber jetzt mit ihr zu Hause wäre, als sich eine Biene auf Biancas Bierkelchrand niederlässt.

»Eine Biene!«, stellt sie fest und wedelt angewidert mit der Hand über dem Glas.

»Ja. Eine Biene. Und man soll nicht nach ihnen schlagen, sonst stechen sie«, sagt Michael.

Das Tier tänzelt scheinbar orientierungslos über ihren Köpfen und landet schließlich wieder auf dem Rand des Kelches. Bianca schlägt wieder nach ihr. Die Biene fliegt kurz hoch und landet an gleicher Stelle.

»Lass sie doch einfach in Ruhe. Bienen setzten sich nicht auf Scheiße. Sie mag eben dieses süße Zeug.«

»Ja. Aber sie kann stechen«, sagt Bianca.

»Nicht, wenn du nicht nach ihr schlägst.«

Bianca sieht ihn mit zusammengekniffenen Augen an.

»Und wenn es eine besonders boshafte Biene ist, die sich nicht an die Regeln hält?«

Michael seufzt etwas zu theatralisch, wendet sich ab und versucht krampfhaft, der Rede des Schützenkönigs zu folgen. Es will ihm nicht gelingen. Es kommen wieder nur einzelne Worte wie Stolz, Grundwerte und Traditionswahrung bei ihm an. Die Wangen des Schützenkönigs glühen und die kleine Frau, die neben ihm steht, schaut sichtlich gerührt und stolz zu ihrem Mann auf. Michael bemerkt die bewundernden Blicke Biancas für das Königspaar. Er weiß, dass es seit langem ihr Traum ist, eines sonntags in einer weißen Kutsche durch Glesch gefahren zu werden, als Frau des Schützenkönigs, und mit großem Gefolge. Michaels Fantasie reicht nicht aus, sich vorzustellen, warum man sich einer derartigen Peinlichkeit freiwillig aussetzen sollte. Bianca hat ihn schon so oft darum angefleht, aber es ist der einzige Wunsch, den Michael ihr nicht erfüllen will, nicht erfüllen kann, ohne den letzten Rest Selbstachtung, den er noch zu haben glaubt, vollkommen zu verlieren.

Die Biene landet erneut auf Biancas Bierkelch und kriecht an der Innenseite des Glases nach unten, bis sie auf die begehrte Flüssigkeit stößt. Bianca sieht Michael an und wartet, bis er sie ansieht. Dann nimmt sie den Strohhalm aus dem Glas, zieht vorsichtig den Bierdeckel unter dem Kelch heraus und legt ihn dann mit einer raschen Bewegung auf das Glas.

Die Biene ist gefangen. Biancas Miene erhellt sich augenblicklich, und ein zufriedenes Grinsen zieht sich um ihren Mund. Sie sieht Michael triumphierend an. Dieses gleichzeitig auch niederträchtige Grinsen kennt er nicht an ihr.

»Und was hast du jetzt davon?«, fragt Michael.

»Das Vieh wird mich zumindest nicht mehr stechen können«.

Ein älteres Ehepaar am Nachbartisch schaut ihnen zu. Der Mann lächelt Bianca an und sie lächelt zurück. Diese unerwartete Komplizenschaft zwischen einem wildfremden Menschen und seiner Frau enttäuscht ihn und macht ihn mutlos. Er will nicht resignieren.

Der Schützenkönig hat seine Rede beendet. Die Leute applaudieren. Die Musiker der Kapelle haben ihre Biergläser auf den Boden gestellt und spielen den nächsten Schlager.

»Aber du wirst nicht mehr den Rest deines Bieres trinken können«, sagt er geistesabwesend.

Sie kann ihn nicht hören.

Mit der rechten Hand hebt Bianca das Glas hoch, mit der linken hält sie den Bierdeckel auf dem Glas fest. Sie hält das Glas ganz nah vor ihr Gesicht und betrachtet fasziniert das Insekt aus nächster Nähe, so als sei das Ganze eine Laborversuchsanordnung. Die Biene versucht einmal kurz hochzufliegen, stößt gegen den Bierdeckel und landet wieder auf der Glasinnenseite, die sie nun hektisch entlang kriecht, in der vergeblichen Hoffnung, irgendwo eine geeignete Öffnung nach draußen zu finden.

Michael spürt, wie kalter Schweiß auf seine Stirn tritt und ihn eine Übelkeitsattacke überwältigt, die langsam vom Magen in die Kehle aufsteigt.

Dieses kleine Wesen folgt einfach seinem Instinkt. Die Natur hat es darauf programmiert, auf alles zu fliegen was süßlich riecht. Das ist alles, was es will. Es ist seine Bestimmung, denkt Michael.

»Lass sie frei. Ich glaube sie hat jetzt genug von diesem Bierzeug. Sie hat ihre Lektion gelernt.«

»Das hätte sie sich früher überlegen sollen«, sagt Bianca, ohne den Blick von der Biene zu lassen. »Sie hatte die Wahl, und sie hat ihre Entscheidung getroffen. Pech für sie.«

Das Ehepaar am Nebentisch schaut ihn an, als erwarte es nun eine entsprechende Reaktion. Eine Gruppe mit fünf jungen Leuten, die etwas weiter rechts von ihnen sitzen, hat ihre Unterhaltung eingestellt und widmet sich nun dem Schicksal der Biene.

Die Musik hat wieder aufgehört. Bianca hat damit begonnen den Bierkelch zu schwenken, so dass der Bewegungsspielraum der Biene eingeschränkt wird und sie nur noch dicht unter dem Bierdeckel kriechen kann.

Mit dem Handrücken wischt sich Michael den Schweiß von der Stirn.

»Jetzt ist das Biest gleich fällig«, sagt der ältere Mann links von ihnen leise zu seiner Frau, aber Michael hat es gehört.

Michael wird schwindelig und er sieht schwarze Punkte vor seinen Augen wandern.

»Hör jetzt bitte auf, Bianca«, sagt er leise. Er versucht es beiläufig klingen zu lassen. Dabei schaut er sich um und bemerkt erschrocken, dass die meisten Augenpaare um ihn herum auf ihn gerichtet sind. Er fühlt sich plötzlich wie gelähmt. Bianca ist weiter auf ihre Bienenfolter konzentriert und scheint das alles nicht zu bemerken oder es interessiert sie einfach nicht.

Michael atmet dreimal tief ein und aus. Die Übelkeit verschwindet nicht.

Und dann, wie ein sich heiß ausbreitender Geysir, von den Zehen aufsteigend bis unter die Schädeldecke, überkommt ihn eine noch nie da gewesene Angst zu sterben.

»Hör bitte damit auf«, versucht er es noch einmal mit Nachdruck. Und dann ganz leise: »Mir zuliebe.«

»Dir zuliebe, dir zuliebe! Was ist denn los?«, fragt Bianca. »Bist du wirklich besorgt um das Leben eines Insekts? Sei nicht albern. Es ist nur eine Biene, Herrgott nochmal!«

Bianca schwenkt das Glas immer schneller, und als das Bier schließlich den Bierdeckel berührt, wird die Biene vom rotierenden Strom der Flüssigkeit mitgerissen.

»Ich möchte einfach, dass du jetzt aufhörst, oder...«

»Oder was?«, fragt Bianca. Und als er nicht antwortet, fragt sie noch einmal lauter »Oder was?« Sie schreit die Worte.

Michael greift über den Tisch und will ihr den Bierkelch aus der Hand reißen. Er hat das Glas noch nicht einmal berührt, als Bianca ihm die Hand wegschlägt. Michael zieht seine Hand erschrocken zurück, so als hätte er einen Stromschlag bekommen. Sofort schaut er sich um. Alle haben es gesehen. Sie haben gesehen, dass seine Frau ihn geschlagen hat. Wie einen kleinen, unartigen Jungen, den seine Mutter zurechtweist. Er sieht die in sich hineinschmunzelnden Gesichter, die seinem Blick ausweichen. Das Blut schießt ihm ins Gesicht. Die Musik hat wieder eingesetzt, aber er hört sie jetzt nur noch gedämpft wie durch eine Wand. Er spürt seinen stolpernden Herzschlag.

Er möchte weinen. Wenn ihn doch nur nicht alle beobachten würden.

Bianca setzt das Glas wieder auf den Tisch. Der Bierstrom kommt zur Ruhe und die Biene strampelt hektisch an der Oberfläche der braun-trüben Pfütze. Sie nimmt den Bierdeckel vom Glas. Die Biene würde nicht mehr wegfliegen. Bianca nimmt den Strohhalm und drückt damit den gekrümmten Bienenleib in die Flüssigkeit, bis er sich schließlich nicht mehr bewegt.

Als sie sich über ihr Glas beugt, um ihren Erfolg in seiner ganzen Pracht zu betrachten, entdeckt Michael erschrocken kleine vertikale Fältchen, die von ihrer schmalen Oberlippe aufsteigen. Und es sind eindeutig Krähenfüße, die sich da strahlenförmig um ihre Augen ausbreiten. Ein plötzlicher Brechreiz drückt ihm das Kölsch in den Hals, aber er schluckt es wieder hinunter. Er hat das Gefühl, als würde seine Brust jeden Moment implodieren.

Und dann rutscht Michael in lautloser Zeitlupe von seiner Bank unter den Tisch. Niemand scheint es zu bemerken. Er sitzt wie eine Schlenkerpuppe auf dem Boden. Die Beine gespreizt, der Rücken von der Bank gestützt. Er kann jetzt unter Biancas Kleid sehen. Sie trägt einen weißen, blumenbestickten Slip, durch dessen durchsichtigen Seidenstoff er ihre Scham sehen kann, und er denkt, dass seine Frau die einzige des einundzwanzigsten Jahrhunderts ist, die sich da nicht rasiert. Das hält er ihr zugute. Er mag keine rasierten Frauen.

Er will das zarte weiße Fleisch an der Innenseite ihrer Schenkel berühren. Die Kapelle hört er jetzt fast überhaupt nicht mehr. Nur den regelmäßigen, dumpfen Schlag der Basstrommel nimmt er noch wahr. Michael streckt zitternd seinen Arm aus, um Bianca zwischen die Beine zu greifen, aber er erreicht sie nicht. Seine Lippen formen ihren Namen, viel zu leise. Vielleicht gehört er jetzt auch zu den Witzbolden im Büro, denkt Michael und trotz seiner Übelkeit muss er lächeln. Er starrt lächelnd zwischen die Beine seiner Frau und er lächelt immer noch, als sein Oberkörper auf die Seite sinkt und sein Kopf auf den Bretterboden schlägt.

Das ältere Ehepaar und die jungen Leute schauen erstaunt und doch verständnisvoll auf ihn herunter.

Und dann erheben alle ihr Glas und prosten ihm zu.

Die Frau im Zug

Jeden Morgen wartete Martin auf den Zug. In der Hand seine Aktentasche. Meistens stand er auf dem offenen Bahnsteig. Nur in der kalten und windigen Jahreszeit stellte er sich in das Bahnhäuschen. Es war vollständig mit Graffiti besprüht. Die Bahn ließ es alle paar Jahre neu in zwei Grautönen streichen. Die meisten Leute, die mit ihm nach Köln fuhren, waren schon vor ihm da. Sie warteten mit ihm im Bahnhäuschen, oder verteilten sich lose auf dem Bahnsteig, mit gebührendem Abstand zueinander. Keiner redete mit dem Anderen. Obwohl sie sich jeden Tag sahen. In all den Jahren, in denen er hier auf den Zug wartete, hatte er noch nie gesehen, dass sich die Leute unterhielten. Und wenn es vorkam, dann waren es Fremde, niemals die Pendler. So wartete Martin seit über acht Jahren jeden Tag auf seinen Zug.

An einem Frühlingsmorgen war dann auf einmal diese Frau dagewesen. Sie kam ganz zum Schluss, und erst, als sich die Schranken schon senkten. Wie ein effektvoller Theaterauftritt. Von da an machte sie das immer so. Aber sie hatte den Zug noch nie verpasst. Martin war froh, wenn er sie sah. Es machte ihn ein wenig glücklicher. Sie war keine schöne Frau im herkömmlichen Sinne. Ihre kurzen braunen Haare ließen sie vielleicht sogar etwas jungenhaft erscheinen. Aber ihr Gesicht könnte er stundenlang anschauen, ohne dass es nur einen Moment langweilig würde, glaubte er.

Martin und die Frau saßen im gleichen Abteil für Nichtraucher. Über die Zeit hatte sich in stiller Übereinkunft eine feste Sitzordnung gebildet, die von allen eingehalten wurde, es sei denn, ein Fremder stieg zu, der von all dem nichts wusste. Und so kam es, dass Martin und die Frau sich im Abteil diagonal gegenübersaßen, zwischen ihnen der Mittelgang. So konnte er ungestört ihr blasses

Spiegelbild im Fensterglas betrachten, ohne direkt in ihre Richtung schauen zu müssen. Aber manchmal streiften sich ihre Blicke trotzdem und dann schaute er beschämt schnell wieder aus dem Fenster.

Die Frau stieg am Kölner Hauptbahnhof aus und Martin eine Station weiter in Köln-Deutz. Wenn sie sich von ihrem Platz erhob und an ihm vorbeiging, roch er ihr Parfum. Es war ein leichter, blumiger Duft, der sich nie änderte. Er war schon in so vielen Parfümerien gewesen, um dieses Parfum zu finden. Aber nie war es genau der Duft, den die Frau trug. Hätte er ihn gefunden, würde er ihn in seiner Wohnung versprühen, um das Gefühl zu haben, dass sie bei ihm sei.

Gerne wäre er auch mal mit ihr in Köln ausgestiegen und ihr gefolgt, nur um zu sehen, wo sie arbeitete oder an welchen Schaufenstern sie stehen blieb, oder einfach nur, um sie gehen zu sehen. Aber er hatte es nie getan, aus Angst, sie könne ihn bemerken. Und dann hätte sie wer weiß was gedacht und möglicherweise schon am nächsten Morgen das Abteil gewechselt. Das wollte er nicht riskieren.

Manchmal schien es ihm, dass jeder Tag, an dem sie nicht zum Bahnhof kam, ein verlorener Tag für ihn war. Und er machte sich Gedanken, warum sie an dem einen oder anderen Tag nicht kommen konnte. Ob sie vielleicht krank war, oder Geburtstag feierte, oder einfach nur einen Tag ausspannen wollte.

Im Juli fuhr die Frau für drei Wochen nicht mit dem Zug. Sommerurlaub, vermutete Martin. Und da er selbst nie in Urlaub fuhr, war es ihm egal, wann er seine drei Wochen nahm, und er beschloss, seinen nächsten großen Urlaub auch in den Juli zu legen.

Und als sie aus dem vermuteten Urlaub wieder zurückkam und er sie schon von weitem die Fieselerstraße heraufkommen sah, hätte er am liebsten den anderen Wartenden zugerufen: *Seht, da kommt sie, sie ist endlich wieder da*. So froh war er über ihr Erscheinen.

Die Frau hatte begonnen, im Zug Bücher zu lesen. Vorher las sie nur hin und wieder den

Stadtanzeiger, den sie wohl von zu Hause mitgebracht hatte. Martin versuchte, den Titel auf dem Buchumschlag zu entziffern und er kaufte sich das gleiche Buch in der Kölner Bahnhofsbuchhandlung. Es gefiel ihm. Von da an notierte er sich alle Bücher, die sie las und setzte noch das Datum dahinter. Sobald sie mit einem neuen Buch begonnen hatte, kaufte er es sich sofort und begann es zu Hause zu lesen, meist noch am gleichen Tag. Niemals las er im Zug. Es wäre ihm peinlich gewesen, wenn sie bemerkt hätte, wie er das gleiche Buch wie sie las. Es wäre so, als würden zwei Frauen auf einer Party feststellen, dass sie das gleiche Kleid tragen. Oft stellte er sich vor, dass die Frau gerade im selben Moment dieselbe Stelle im Buch las wie er und dann fühlte er sich ihr so nahe wie keinem anderen Menschen in seinem Leben.

Manchmal stellte er sich vor den großen Spiegel in seiner Diele und sprach zu der Frau. *Sie sind schön*, oder sogar *Ich liebe Sie*. Dann schlug sein Herz schneller und er wurde rot, obwohl er alleine in der Wohnung war.

Es war Winter geworden, als Martin folgerte, dass die Frau schwanger war. Den Bauch hatte er erst später wahrgenommen, aber sie hatte ein Buch dabei, das den Titel *Die Reise ins Leben – Schwangerschaft und Geburt* trug. Sie war also doch verheiratet oder hatte zumindest einen Freund. Die Möglichkeit eines One-Night-Stands zog er nicht in Betracht. Martin war nicht schockiert oder enttäuscht, eher überrascht. Es kam ihm beinahe so vor, als hätte man ihm soeben aus heiterem Himmel eröffnet, dass er selbst Vater werden würde. Er beschloss, sich auch *Die Reise ins Leben* zu kaufen, und als er am Abend das Buch zu lesen begann, stellte er sich vor, wie die Frau neben ihm im Bett lag und sie ihn aufforderte, seine Hand auf ihren Bauch zu legen, um zu spüren, wie das Kind sich in ihr bewegte. Manchmal überraschte er sich selbst dabei, wie er vor Babyausstattungsgeschäften stehen blieb, und sich Strampler, Wiegen und Babyspielzeug ansah. Er glaubte, dass er einen guten, fürsorglichen Vater abgeben würde. Die Vorstellung, das Baby der Frau in seinen Armen zu halten, rührte ihn so, dass seine Augen feucht wurden.

Ab Mitte April war sie nicht mehr zur Arbeit gegangen. Sechs Wochen vor der Geburt durfte man nicht mehr arbeiten. Das wusste Martin aus dem Buch. Also würde sie Ende Mai ihr Kind bekommen. Es würde ein Mädchen werden, denn das letzte Buch, das sie im Zug gelesen hatte, hieß *Die schönsten Vornamen für Mädchen*. Lara fand er schön, oder Sarah, oder vielleicht Marie. Er hätte ihr gerne einige Vorschläge gemacht.

Martin hatte Angst, dass er sie nie wiedersehen würde. Vielleicht hatte sie für immer ihren Job aufgegeben und war jetzt einfach nur Mutter. Er las weiter und kaufte sich jetzt Bücher, die er sich selbst aussuchte, aber es machte ihm nicht mehr so viel Spaß, Bücher zu lesen, von denen er nicht wusste, ob sie sie überhaupt kannte. Kein Tag verging, ohne dass er an sie dachte.

Erst nach fast einem Jahr war sie wieder da. So, als wäre nichts gewesen. Es war wieder Frühling. Sie hatte nun etwas längere Haare, die zu einem Zopf zusammen gebunden waren. Sonst hatte sie sich nicht verändert. Sie war wie immer die letzte auf dem Bahnsteig und im Abteil saßen sie sich wieder diagonal gegenüber. Der Mann, der ein Jahr lang hin und wieder auf ihrem frei gewordenen Platz gesessen hatte, begriff nun instinktiv, dass es nicht sein Platz gewesen war und suchte sich fortan einen freien Sitz im hinteren Teil des Waggons. Auch ihr Parfum war das Gleiche. Er freute sich über die Wiederherstellung der alten Ordnung so sehr, dass er öfter als früher zu ihr herübersah, wobei sich ihre Blicke mehrmals trafen und, es mochte Einbildung sein oder nicht, ein wissendes Lächeln auf ihrem Gesicht lag. Wie gerne hätte er ihr jetzt gesagt, dass er sich über ihre Rückkehr freute.

Aber auch nach diesem Anflug von Intimität änderte sich nichts. Sie las weiter in ihren Büchern und er notierte sich die Titel, kaufte sie und las sie ausschließlich zu Hause.

Und dann eines Tages im November, war sie plötzlich nicht mehr da. Wochen vergingen, dann Monate. Vielleicht hatte sie ihre Arbeit gekündigt, vielleicht war ihr gekündigt worden. Vielleicht war sie aus Glesch weggezogen. Alles war möglich. Martin war traurig. Seine Traurigkeit legte sich über den ganzen Winter.

All die Zeit wusste er so wenig über sie und eines Morgens im April schlug er die Zeitung auf und wusste fast alles. Ihr Bild mit ihrem Namen, der Name ihres Mannes und ihres Kindes, die Namen ihrer Geschwister und ihrer Eltern, ihr Geburtsdatum und ihr Sterbedatum, das Datum ihrer Beerdigung.

Eine sehr lange Zeit saß Martin am Küchentisch und starrte auf die Todesanzeige, unfähig sich zu bewegen. Sein Frühstücksei und sein Kaffee wurden kalt. An diesem Morgen ging Martin nicht zur Arbeit.

Er würde in Zukunft im Zugabteil auf ihren Platz sehen und dort säße eine andere Person. Die ganze Zugfahrt über säße dort ein Mann oder eine Frau, die er nicht kannte und die dort nichts zu suchen hatte.

Er las keine Bücher mehr. Er konnte es einfach nicht. Meist schaltete er den Fernseher ein, drehte den Ton ab und dachte an die Frau.

Zu ihrer Beerdigung ging er nicht. Er wollte ihren Mann, ihr Kind oder ihre Familie nicht sehen. Er wollte sich kein Bild von ihnen machen.

So geht Martin am Morgen nach ihrer Beerdigung, noch bevor sein Zug kommt, auf den Friedhof. Er betrachtet die vielen Kränze und die Namen und Sprüche auf den Schleifen. Nebel hängt über der Erft und hinter dem Nebel steigt die milchige Sonne auf. Er stellt die Aktentasche auf den roten Kies neben das Grab und holt ein Buch heraus. Es ist ein Buch, das er schon in seiner Jugend gelesen hat und es ist einer seiner liebsten Romane. Er hofft, dass er ihr gefallen wird. Er schaut sich um, aber um diese Zeit ist noch niemand auf dem Friedhof. Er schiebt das Buch unter einen der Kränze in der Nähe des provisorischen Holzkreuzes mit ihrem Namen darauf. Er verharrt noch eine Weile neben dem Grab. Er weint nicht. Er weiß, dass das später kommen wird.

Dann nimmt er seine Aktentasche und geht durch die noch stillen Straßen des Dorfes zum

Bahnhof, stellt sich in das Bahnhäuschen und wartet auf seinen Zug.

Warten

Er ballt seine Hand zur Faust und rammt sie gegen die Wand. Kleine Hautfetzen hängen von seinen Fingerknöcheln und an einer Stelle blutet es. Zwei Knöchelabdrücke zeichnen sich in der Raufasertapete deutlich ab. Er betrachtet das quillende Blut auf seinen Knöcheln und schlägt noch einmal fester zu. Wieder zwei Abdrücke, diesmal rot. Stefan schaut auf die Küchenuhr. Es ist kurz nach Neun.

Sandra kommt nicht. Sie kommt nicht zu spät, sie kommt überhaupt nicht. Seit zwei Stunden sitzt er hinter der Gardine und hofft, dass der nächste Wagen, der um die Ecke biegt, ihr Wagen ist. Fünfzig Autos hat er so vorbeifahren sehen. Vielleicht mehr. Niemals war ihr blauer Polo dabei. Er wird noch zwei Autos abwarten.

Danach will er ins Wohnzimmer gehen, den Fernseher einschalten und Sandra vergessen. Das Versprechen gibt er sich und weiß jetzt schon, dass er es nicht halten wird.

Es ist so respektlos, ist sein rührender mildester Gedanke noch vor einer Stunde gewesen. Hure, denkt er jetzt. Die Wut, die er unter Kontrolle zu halten versucht, breitet sich aus wie ein Fieber, das in jede einzelne Zelle drängt und seinen Körper zum Zerbersten gespannt hat.

Wahrscheinlich muss sie sich wieder eine Ausrede für ihren Mann ausdenken. Es ist jedes Mal das Gleiche. Dabei wohnt sie nur dreihundert Meter entfernt, im selben Dorf. Dennoch kommt sie immer mit dem Auto. Seinen Wagen stellt er dann auf die Straße, damit Sandra in seiner Garage parken kann. So fällt ihr Verhältnis vielleicht nicht auf, auch wenn er davon überzeugt ist, dass das halbe Dorf es schon weiß. Nur ihr Mann noch nicht.

Er würde jetzt gerne zu ihr fahren und alles auffliegen lassen. Natürlich kennt er ihr Haus. Er weiß, hinter welchem Fenster das Schlafzimmer liegt. Manchmal fährt er abends bei ihr vorbei, beobachtet ihre Wohnung, das Licht in den Fenstern, die Silhouetten dahinter, mal ihre, mal seine. Er weiß, dass sie noch immer mit ihm schläft. Das hat sie ihm ganz offen gesagt: *Glaubst du, dass es mir Spaß macht? Ich muss das tun. Damit er nichts merkt. Aber er darf nicht in mir kommen. Ich achte darauf, dass er nie in mir kommt. Das darfst nur du. Nur du.* Tatsächlich hatte ihn diese absurde Beteuerung immer beruhigt.

Vielleicht macht sie es jetzt gerade mit ihm, denkt Stefan. Und danach kommt sie zu mir, während sein Sperma noch an ihrem Bauch klebt. Du dumme Nutte, sagt er laut in die leere Küche. Wieder fahren drei Autos am Fenster vorbei. Kein blauer Polo.

Ich muss das beenden, denkt er. Er lacht laut auf und erschreckt sich vor seinem eigenen Lachen. Elende Nutte, flüstert er vor sich hin. Und während er es sagt, schließt er die Augen, weil es ihm schon wieder leidtut, das zu sagen. Warum machst du das mit mir? Ich hab' das nicht verdient. Ich bin einer von den Guten, denkt er.

Er hasst sich für seine Weinerlichkeit. Er geht in die Knie, lässt sich auf den gefliesten Küchenboden sinken. Er hört ein Auto, springt auf und stürzt ans Fenster. Es ist der Mercedes der Nachbarn. Eigentlich hat er schon am Dieselmotor gehört, dass es ihr Auto nicht sein konnte. Dennoch ist die Enttäuschung so groß, dass er den metallenen Mülleimer quer durch die Küche tritt. Der Abfall von drei Tagen ergießt sich wie aus einem Füllhorn über den Fliesenboden. Er betrachtet den Müll und er fragt sich, ob man ihn anhand seines Abfalls identifizieren könnte. Eingetrocknete Kaffeefilter, zusammengedrückte Milchtüten, Bananenschalen, eine leere Dose Rasierschaum. Er sieht sich in der Küche um. Es kommt ihm so vor, als ob jeder Gegenstand, den er sieht, gar nicht ihm gehört. Er kann sich nicht erinnern, diese Sachen jemals gekauft zu haben. Es scheint ihm, als sei er in einer fremden Wohnung.

Es ist ihr egal, denkt er. Natürlich ist es ihr egal. Sie ist einfach kein guter Mensch. Tränen drängen in seine Augen. Er will nicht wegen dieser blöden Fotze heulen. Er schaut wieder aus dem Fenster. In kurzen Abständen fahren zwei Autos vorbei, und dann noch ein Linienbus. Jedes Auto, das kein blauer Polo ist, verhöhnt ihn. Sein Körper verkrampft sich, beginnt zu zittern. Noch drei Autos, dann ist Schluss. Er wartet jetzt fast zweieinhalb Stunden auf sie. Die drei Autos kommen. Sandra ist nicht dabei.

Ich hasse dich. Ich hasse dich so sehr. Verreck doch, du dummes Stück Scheiße. Bau einen Unfall. Fahr gegen einen beschissenen Baum und krepier doch. Er lässt die Rollladen in der Wohnung herunter, obwohl es noch nicht dunkel ist.

Endlich geht er ins Wohnzimmer, schaltet den Fernseher ein und zappt durch die Programme. Bei üblen Gedanken beruhigt ihn Fernsehen meist sofort. Er bleibt bei einer Dokumentation hängen, in der es um deutsche Auswanderer geht, die ein neues Leben in Kanada versuchen. Er döst vor sich hin, träumt sich nach Kanada. Holzhaus, Schnee und Kaminfeuer, ein stiller See. Ein stiller See an einem frostkalten Morgen, über dem Nebelschwaden träge dahinziehen. Er glaubt, die dahinter aufgehende Sonne zu spüren, die nur sehr langsam sein Gesicht erwärmt. Und er denkt, dass er solch einen Moment mit Sandra niemals wird teilen können. Weder in Kanada noch in Glesch. Nicht mal gemeinsam vor dem Fernseher. Stattdessen wartet er. Warten gehört jetzt zu seinem Leben. Er würde für immer auf sie warten. Wenn sie dann da war, wenn sie endlich da war, würde er ihren Körper maßlos überzogen penetrieren, wie ein wildes ausgehungertes Tier, mit all seiner über Tage und Wochen aufgestauten Lust, die er loswerden musste. Und erst dann, wenn schon alles vorbei war, wäre er bereit, sich ihr wirklich zu widmen und wirklich bei ihr zu sein. Aber dann war sie schon wieder bei ihrem Mann, lag neben ihm und dachte an Dinge, die er nie erfahren würde. Dann irgendwann käme eine SMS auf sein Handy und sie würde wieder einen Tag und eine Uhrzeit nennen, die sie wieder nicht einhalten würde, usw., usw.

Stefan versucht sich zu beruhigen und sucht nach Erinnerungen an Sandra, die jenseits des Fleisches liegen. Aber gleich der erste Gedanke an Sandra ist das Bild ihrer Brüste und dann eine

Nahaufnahme ihrer Brustwarzen, groß und hart und wie sie unter dem Druck seiner Zunge wegknicken und sich wiederaufrichten, wie eine Boje im Meer. Er denkt an ihren kleinen Kugelbauch, an ihren Bauchnabel in den seine Zunge eintaucht und die feuchte Spur, die seine Zunge zu ihrem Geschlecht zieht, und den Wunsch, für alle Zeiten dort unten zu bleiben.

Er bemitleidet sich selbst, weil er die schlichte Erkenntnis hat, dass ihre Beziehung nur auf Begierde und letztlich auf einem primitiven Geschlechtstrieb gründet, wie ihn selbst die einfachsten Tiere besitzen. Es wird ihm klar, dass seine Wut eigentlich nicht Sandra gilt, sondern seinem rationalen Geist, der einfach nicht in der Lage ist, seinen Trieb zu unterdrücken.

Er weint. Diesmal lässt er es zu. Sein Kopf ist angefüllt mit Bildern ihres nackten Körpers und den unendlichen Möglichkeiten, die er mit diesem Körper anstellen könnte. Er konzentriert sich auf seine Tränen. Er will weinen. Er schaltet den Fernseher aus. Schlagartig herrscht vollkommene Stille. Er starrt mit nassen Augen in den schwarzen Bildschirm und verliert sich in der Schwärze, machtlos, taumelnd, ausgeliefert und mit dem Bewusstsein, der letzte Mensch im Universum zu sein. So sitzt er lange bewegungslos da.

Irgendwann klingelt es an der Tür. Draußen steht Sandra. Ihre langen schwarzen Haare und ihr weißer Teint werden nur von der Deckenlampe sanft beleuchtet. Wie eine Erscheinung, ein Engelwesen. Ein schwarzer Engel. War er vor dem Fernseher eingeschlafen? Vielleicht träumt er das nur. Sein Herz schlägt ihm bis zum Hals. Er weiß nicht, was zu tun ist; steht einfach nur da.

»Ich konnte nicht früher«, sagt sie und küsst ihn mit kalten Lippen auf den Mund. Es werden nur noch fünf Minuten vergehen, bis er in ihren perfekten Körper eindringen wird, denkt er, während sie an ihm vorbeigeht, ihren Mantel beiläufig über den Sessel wirft und zur Toilette geht. Er schaut ihr nach. Er wartet. Dann kommt sie aus der Toilette, nur mit einem seiner weißen T-Shirts bekleidet, sonst nichts.

»Komm«, sagt sie mit der bettelnden Stimme eines Kindes. Aus drei Metern Entfernung streckt sie ihm ihre Hand entgegen und zieht ihn an einer unsichtbaren Leine hinter sich her. Er knurrt und bellt, spielt ihr Spiel mit, stemmt sich gegen die Leine und folgt ihr stolpernd und winselnd bis ins Schlafzimmer. Sie lässt sich aufs Bett fallen, zieht ihn auf sich. Sein Kopf liegt auf ihrem Schoß. Er riecht ihr Geschlecht. Sie schiebt seine Hose runter. Das Eindringen funktioniert so automatisch, dass er kaum etwas davon spürt. Sein Kopf liegt in ihrer Halsbeuge. Er atmet in ihr Ohr. Der kleine Diamantsplitter in ihrem Ohrläppchen glitzert im Licht der Straßenlaterne.

»Hast du's mit ihm gemacht?«, flüstert er.

»Was?« Sie lässt ihre Augen geschlossen. Er hat die absurde Vorstellung eines Lachses, der zur Laichzeit gegen die Flussströmung ankämpfen muss, aber trotz des immerwährenden Nachvornedrängens keinen Millimeter weiterkommt.

»Hast du mit ihm geschlafen?« Er leckt über ihren Hals und ihre Schulter, alles duftet nach *Cleopatra*-Bodylotion.

»Frag so was nicht.«

»Hast du?«

Sie windet sich, atmet tief ein.

»Und wenn schon, was würde das ausmachen? Du weißt, dass es mir nichts bedeutet.« Sie streicht mit der Hand durch sein Haar. Sie wendet den Kopf ab, lächelt mit geschlossenem Mund. Er sieht es aus dem Augenwinkel und er deutet ihr zufriedenes Lächeln als eine zärtliche Erinnerung an die vergangenen Stunden mit ihrem Mann. Er verschließt die Augen vor dieser Enttäuschung.

»Natürlich ist er nicht in dir gekommen. Das darf nur ich. Nur ich. Nicht wahr?«

»Genau, ganz genau. Nur du«, haucht sie ihm ins Ohr, wie in einem schlechten Film.

Er will ihr wehtun. Seine Gedanken sind scharf umrandet und kristallklar, während er sich in ihr vor- und zurückbewegt. Er will ihr jetzt unbedingt wehtun. Er denkt, dass es ihm guttun wird, ihr weh zu tun. Und er glaubt sogar, dass es auch ihr guttun würde, auf eine bestimmte Weise.

Aber es ist ihm nicht möglich, diesem vollkommenen Körper Schmerz zuzufügen. Wie bei einer seltenen, farbenprächtigen Blume mit geradem stolzem Wuchs, die man, obwohl man es will, einfach nicht pflücken *kann*, selbst wenn kein Mensch da ist, der es sehen könnte.

Es wäre ihm nur dann möglich, wenn er ihren Körper hasste. Aber es ist ihm auch nicht möglich, diesen makellosen Körper zu hassen. Er will hassen. Er will so gerne hassen. Die Vorstellung sie zu hassen, erregt ihn, kollidiert aber augenblicklich mit dem Anblick ihrer straffen, weißen Haut, frei von jeglicher Hautirritation, eingetaucht in sanfte Schatten und mildes Licht. Ein Alabaster-Kunstwerk, geschaffen, es ewig zu betrachten.

Plötzlich wird ihm klar, dass Hass nur dann möglich ist, wenn er sich vor Sandra ekelt. Die gleiche seltene Blume, die ihre Farbenpracht verloren hat, weil ihre Blütenblätter von Raupen zerfressen, löchrig und schon halb verfault sind, und es niemanden interessiert, ob man sie zertritt wie Unkraut. Ekel ist der Schlüssel. Ekel ist der einzige Weg.

Und so halluziniert er sich in eine Vorstellung hinein, die zunächst nur blasse Phantasie ist. Er konzentriert sich. Dann kommen mehr und mehr Details und Konturenschärfe hinzu. Dann auch der Geruch, ein metallischer Geruch. Und plötzlich, fast ohne weiteres Hinzutun, überschreiten die Bilder seiner Fantasie die Grenze zur Wahrheit, seiner ganz eigenen Wahrheit. Er hebt seinen Kopf und erschrickt, obwohl er schon vorher wusste, was er sehen würde.

Ihr Gesicht hat keine Haut mehr. Sandras Gesicht sieht aus, als hätte man es geschält. Er sieht ihre nassen Gesichtsmuskeln freiliegen, die Augäpfel ausdruckslos und groß wie Tischtennisbälle und über allem ein Geflecht von unterschiedlich dicken blaugrauen Adern. Der Geruch warmen Blutes steigt in seine Nase.

»Was ist los mit dir. Entspann dich«, sagt sie. Sie drückt seinen Kopf auf ihr Gesicht. Sie will ihn küssen. Er müsste seine Lippen auf ihre bloßliegenden Zähne und ihr Zahnfleisch drücken. Er wendet sich ab, schließt die Augen. Erst jetzt merkt er, dass er immer noch in ihr ist. Seine Erektion lässt nach.

»Was ist los? Was ist los, Schatz?«

Er sieht ihre geöffneten Kiefer mit der dazwischen schwimmenden Zunge. Er kann ihren Anblick nicht ertragen. Er schaut an die Zimmerdecke und erblickt seinen rechten Arm hoch über ihm aufragen, so als wolle er die Decke berühren. Sein Arm fällt und die Faust kracht auf ihre Nase, die scheinbar nur aus milchglasigem Knorpel besteht. Helles Blut spritzt aus ihrer gebrochenen schiefen Nase auf ihre und seine Brust. Der zweite Schlag trifft ihren Oberkiefer. Beide Schneidezähne brechen ab und fallen in ihre halbgeöffnete Mundhöhle.

Er zieht sich aus ihr zurück, rollt sich neben sie, setzt sich auf die Bettkante. Er schaut sie an. Sie hält sich beide zu einer Schale geformten Hände vor ihren blutenden Mund und spuckt die zwei Schneidezähne aufs Kopfkissen. Ihr Gesicht, das jetzt wieder wie ihr normales Gesicht ausschaut, schmerzt zu sehr, als dass sie schreien könnte. Nur ein leises Wimmern ist ihr möglich. Sie schaut ihn mit halb geöffneten, tränenden Augen verständnislos an. Ein stummes *Warum?*

Jetzt, wo er ihr schönes, fast unversehrtes Gesicht wieder anschauen kann, tut Sandra ihm schon wieder leid. Er wehrt sich gegen diese Schwäche.

Er geht ins Badezimmer und stellt sich unter die Dusche. Er wäscht sich das Blut von seiner Brust und bleibt völlig gedankenleer eine viertel Stunde unter dem heißen Duschstrahl stehen.

Als Stefan ins Schlafzimmer zurückkommt, ist Sandra nicht mehr da. Die Haustür steht offen. An der Türklinke klebt Blut. Der blaue Polo steht nicht mehr in der Garage. Stefan schließt die Haustür und wischt die Türklinke mit einem Papiertaschentuch sauber. Er geht in die Küche, räumt den Müll zusammen und stellt den Mülleimer in seine Ecke. Es ist nach Elf. Er schaut aus dem Fenster. Niemand ist da draußen. Der Mercedes steht in der Einfahrt der Nachbarn, das Heck von der Straßenlaterne beschienen. So wie immer.

Dann geht er ins Schlafzimmer, wechselt die Bettwäsche, legt sich ins Bett und schläft fast augenblicklich ein.

Er träumt von Kanada.

Von dem stillen See am Morgen.

Der Nebel verzieht sich und die Sonne bricht nun vollends durch.

Der See glitzert tausendfach.

In der Ferne sieht er ein kleines, weißes Boot. Jemand, den er nicht erkennen kann, rudert langsam auf ihn zu.

München

Die Sonne ist noch nicht aufgegangen und feiner Tau liegt auf dem Gras zwischen den Urnengräbern. David sitzt auf der Bank unter dem steinernen Mahnmal, das man zum Gedenken an die Toten der Weltkriege errichtet hat. Zu Allerheiligen würde sich hier der Männergesangverein versammeln um *Wohin soll ich mich wenden* zu singen und die Schützenbruderschaft würde am Friedhofseingang für die Kriegsgräberfürsorge sammeln. Fast alle Gräber wären dann mit hunderten von bunten Teelichtern erleuchtet.

David sitzt schon eine ganze Weile hier und wartet auf Sarah. Sie haben beide den Friedhof immer gemocht. Als Kinder sind sie oft hier gewesen und haben hinter der Friedhofskapelle heimlich geraucht. Hier hat er sie das erste Mal geküsst.

Am Rand des Friedhofs beobachtet er jetzt einen Fischreiher, der sich lautlos zwischen den verwitterten Steinen der Soldatengräber niedergelassen hat. Er steht vollkommen reglos da und schaut ihn wie aus einem kalten Auge an. Ein kühler Wind weht an diesem Septembermorgen und David reibt sich die Hände.

Er hört Sarahs näherkommende Schritte im knirschenden Kies. Er schaut sich nicht um. Mit einem leisen *Hallo* und einer flüchtigen Berührung seiner Schulter setzt sie sich neben ihn auf die Bank.

»Es ist noch ziemlich frisch«, sagt Sarah.

»Ja«, sagt David. Er zieht seine Jacke aus und legt sie ihr um die Schulter.

»Danke«, sagt Sarah und legt ihre Hand auf seine.

»Wann fahrt ihr los?«, fragt David, um irgendetwas zu sagen.

»Gleich um Acht. Meine Mutter packt noch die letzten Sachen zusammen.«

David nickt. Lange Zeit sagt er nichts. Stattdessen beobachtet er den Fischreiher, der ihn immer noch mit seinem fast toten Auge anstarrt. Dann sagt David doch etwas.

»Und? Glaubst du, es wird dir da unten gefallen?«

»Ich weiß nicht, ich hoffe schon, irgendwie«, sagt Sarah.

»Es wird was anderes sein als dieses kleine Kuhdorf hier.«

»Ach David, hör auf so zu reden.«

»Aber es stimmt doch. Die Stadt ist so groß und du wirst ganz schnell Freunde finden.«

»Ich weiß nicht. Das wird sich zeigen.« Sie versucht so etwas wie seine Hand zu streicheln. Er entzieht sie ihr. Er möchte jetzt nicht von ihr berührt werden.

»Aber ich kann ja auch nicht den ganzen Tag zu Hause sitzen und Trübsal blasen. Das würdest du doch auch nicht wollen, oder?«

Doch, das würde ich wollen, denkt David. Er muss daran denken, wie seine Mutter sich eines Abends an sein Bett gesetzt und ihm gesagt hat, dass sie Krebs habe. Ihn überkommt jetzt fast das gleiche Gefühl wie damals. Dieses Gefühl, dass seine Mutter für ihn bereits in dem Moment tot war, als sie sein Zimmer verlassen hatte. Selbst ihre Umarmung, als er weinte, hatte er schon nicht mehr gespürt.

»Weißt du, Sarah«, sagt er, »es ist komisch, aber es fühlt sich so an, als seist du schon gar nicht mehr da.«

Sie schaut ihn an und lächelt.

»Ich bin noch da, David.«

»Und wieso fühle ich das nicht?«

Während er das sagt, beobachtet er eine alte Frau, die auf eine Gehhilfe gestützt, ans Grab ihres Mannes gekommen ist, um frische Blumen in eine Plastikvase zu stecken. Sie weiß, dass sie bald schon neben ihrem Mann liegen wird, in fünf Jahren oder Morgen, denkt David. Wie alte Menschen ganz sachlich und abgeklärt ihre letzten Dinge erledigen. Als würde es ihnen überhaupt nichts ausmachen.

David bemerkt, wie Sarah ganz leicht ihr Handgelenk dreht, um auf ihre Armbanduhr zu schauen. Es ist die Uhr, die er ihr zu ihrem fünfzehnten Geburtstag geschenkt hat.

Er denkt wieder an seine Mutter, die hier auf dem Friedhof liegt. Und er denkt an seine Großeltern, die schon vor über zwanzig Jahren gestorben sind und die er nie kennen gelernt hat. An einige Onkel und Tanten, an seinen Cousin, der so früh gestorben ist, an Nachbarn, in deren Gärten er als Kind gespielt hat. Und an Benno, den Jungen aus seiner Klasse, der sich wegen seines Aussehens umgebracht hat. Alle haben sie in Glesch gelebt und sind auch hier gestorben. Alle sind sie um ihn herum versammelt und er sitzt in ihrer Mitte. Diese Vorstellung hat etwas Beruhigendes.

»Wir werden telefonieren. Jeden Tag, wenn du magst.«

»Na klar«, sagt David. Sie kommt ihm vor wie eine ihn tröstende ältere Schwester.

Alles geht dahin, denkt er und er glaubt, überhaupt nichts mehr fühlen zu können.

»Ich muss jetzt gehen«, sagt Sarah.

»Ich weiß.«

Sie gibt ihm einen Kuss auf die Wange. David reagiert nicht. Sarah steht auf und gibt ihm seine Jacke zurück.

»Ich melde mich heute Abend«, sagt Sarah.

David stellt sich vor, wie er am Abend auf seinem Bett liegt und auf ihren Anruf wartet. Was würde Reden nützen? Was hätte er davon, wenn er wüsste, dass sie gut angekommen wäre. Es würde alles nur noch schlimmer machen.

»Bis dann, ja?« Im Aufstehen berührt sie ihn wieder kurz an der Schulter. Er nickt nur und sagt nichts. Dann geht sie. Er schaut ihr nach. Er sieht ihr rotes langes Haar, ihren schmalen Rücken, ihre schon fast zu langen Beine, ihren deshalb etwas schlaksigen Gang, den er aber immer gemocht hat. Er erinnert sich, wie er einmal mit einem Grashalm die kleinen Wirbelerhebungen in ihrem Nacken entlanggefahren ist und wie die feinen Flaumhärchen sich aufgerichtet haben. Sarah dreht sich noch einmal zu ihm um. David bemerkt es und sieht weg. Als er wieder zu ihr schaut, ist Sarah nicht mehr da.

Hinter der Pappelreihe, jenseits der Erft, geht jetzt die Sonne auf. Der Fischreiher scheint nur noch eine Plastikattrappe zu sein. David möchte einen Stein nach ihm werfen. Und in diesem

Moment sieht er, wie der große Vogel lebendig wird, träge und wie aus einem Traum erwachend sich in die Luft erhebt und davonfliegt. Er schaut ihm lange nach.

An jenem Morgen, als die ersten zaghaften Sonnenstrahlen sein nasses Gesicht erwärmen, ist David davon überzeugt, dass er niemals von hier weggehen würde.

Inhalt

Australien 7
Hinter Gardinen 16
Schonzeit 26
Schäferstündchen 36
Krönungsball 59
Die Frau im Zug 73
Warten 84
München 99

Autorenfoto: © Benedikt Ahrens

Norbert Abts wurde 1963 in Glesch geboren und lebt hier mit seiner Familie. Er arbeitet bei einem Öffentlich-Rechtlichen Fernsehsender.
Bisher im blue rhino verlag erschienen:
Schonzeit–Landläufige Geschichten (Stories)
Was am Ende übrig bleibt (Roman)
Marias Gang über die Felder (Roman)

www.abts.de

www.ingramcontent.com/pod-product-compliance
Lightning Source LLC
Chambersburg PA
CBHW031452040426
42444CB00007B/1071